# HANNA KRALL
# DEM HERRGOTT ZUVORKOMMEN

Aus dem Polnischen
von Hubert Schumann

Mit einem Essay
von Tzvetan Todorov

VERLAG NEUE KRITIK

»Dem Herrgott zuvorkommen« beruht auf der 1979 im Verlag Volk und Welt erschienenen deutschsprachigen Erstveröffentlichung. Der Text wurde für die vorliegende Ausgabe überarbeitet und entsprechend der letzten polnischen Fassung erweitert. Eine westdeutsche Ausgabe des Werkes ist 1980 unter dem Titel »Schneller als der liebe Gott« erschienen.

Bei dem im Anhang abgedruckten Essay von Tzvetan Todorov »Voyage à Varsovie« handelt es sich um den Prolog zu seiner Studie »Face à l'extrême« (Paris 1991). Der Text wurde von Hubert Schumann ins Deutsche übertragen. Wir danken dem Verlag Editions du Seuil für die Abdruckgenehmigung.

CIP-Titelaufnahme der Deutschen Bibliothek

**Krall, Hanna:**
Dem Herrgott zuvorkommen / Hanna Krall. Aus d. Poln.
von Hubert Schumann. Mit einem Essay von Tzvetan Todorov.
– Frankfurt (Main): Verlag Neue Kritik, 1992
Einheitssacht.: Zdążyć przed panem bogiem ‹dt.›
ISBN 3-8015-0252-X


Umschlag Helmut Schade Frankfurt am Main
Satz und Druck Fuldaer Verlagsanstalt GmbH Fulda

# DEM HERRGOTT ZUVORKOMMEN

»Du hattest an jenem Tag einen flauschigen roten Wollpullover an. ›Einen herrlichen Pullover‹, sagtest du noch, ›aus Angorawolle. Ein sehr reicher Jude hatte ihn hinterlassen . . .‹ Zwei Lederriemen kreuzten sich mitten auf der Brust, und daran trugst du eine Handlampe. ›Laß dir erzählen, wie ich aussah!‹ sagtest du zu mir, als ich nach dem 19. April fragte . . .«

»Das habe ich gesagt? – Es war kühl. Im April sind die Abende kühl, vor allem wenn man nicht ausreichend ernährt ist. Darum trug ich den Pullover. Es stimmt, ich hatte ihn in den Sachen eines Juden gefunden. Eines Tages hatte man sie aus dem Keller geholt, und ich nahm mir den Angorapullover. Es war gute Qualität. Der Mann besaß einen Haufen Geld, vor dem Krieg hatte er dem Nationalen Verteidigungsfonds ein Flugzeug oder einen Panzer gespendet.

Ich weiß, daß du solche Geschichten magst. Sicher habe ich es deswegen erwähnt.«

»O nein. Du hast es erwähnt, weil du etwas zeigen wolltest. Nüchternheit und Gelassenheit. Darum ging es.«

»Ich rede einfach so, wie wir alle damals über diese Dinge gesprochen haben.«

»Also der Pullover, über Kreuz die beiden Riemen...«

»Setze noch zwei Revolver hinzu. Die gehörten zum Schick – an diesen beiden Riemen. Wir glaubten damals, jemand brauche nur zwei Revolver, dann habe er alles.«

»Der 19. April: Schüsse weckten dich, du zogst dich an...«

»Nein, noch nicht. Die Schüsse hatten mich geweckt, aber es war kalt. Außerdem war die Schießerei weit weg, es gab noch keinen Grund aufzustehen.

Um zwölf habe ich mich angezogen.

Ein Bursche war bei uns, er hatte von der arischen Seite Waffen gebracht. Er sollte gleich wieder zurück, aber es war zu spät. Als die Schießerei anfing, sagte er, seine kleine Tochter sei im Kloster in Zamość, er wisse, daß er das hier nicht überleben würde, ich aber würde durchkommen und solle mich nach dem Krieg um diese Tochter kümmern. Ich sagte: ›Schon gut, red jetzt keinen Quatsch.‹«

»Und?«

»Was ›und‹?«

»Ist es dir gelungen, die Tochter zu finden?«

»Ja, das ist gelungen.«

»Hör zu, wir haben ausgemacht, daß du erzählen wirst, nicht wahr? Es ist immer noch der 19. April. Es wird geschossen. Du hast dich angezogen. Der junge Mann von der arischen Seite spricht von seiner Tochter. Was war dann?«

»Wir gingen los, weil wir uns in der Nachbarschaft umsehen wollten. Als wir einen Hof überquerten, waren dort mehrere Deutsche. Eigentlich hätten wir sie töten sollen, aber darin waren wir noch nicht geübt. Außerdem hatten wir ein bißchen Angst. So haben wir sie also nicht getötet.

Drei Stunden später verstummten die Schüsse.

Es wurde still.

Unser Gelände war das sogenannte Ghetto der Bürstenfabrik: das Gebiet zwischen den Straßen Franciszkańska, Świętojerska und Bonifraterska.

Das Fabriktor war vermint.

Als am nächsten Tag die Deutschen anrückten, lösten wir den Kontakt aus, an die hundert wird es erwischt haben. Das mußt du übrigens irgendwo nachprüfen, ich weiß es nicht mehr genau. Überhaupt erinnere ich mich an immer weniger. Von jedem meiner Patienten könnte ich dir zehnmal soviel erzählen.

Als die Mine hochgegangen war, bildeten sie eine Schützenkette, um uns anzugreifen. Das gefiel uns. Wir waren vierzig, sie hundert, eine ganze Kolonne in Gefechtsordnung, und sie hielten sich geduckt. Man sah, sie nahmen uns ernst.

Gegen Abend schickten sie drei Mann mit gesenkten Maschinenpistolen und einer weißen Armbinde. Sie riefen, wir sollten die Waffen niederlegen, dann würden sie uns in ein Sonderlager schicken. Wir schossen auf sie; in Stroops Berichten habe ich diese Szene später wiedergefunden: Sie, die Parlamentäre, tragen eine weiße Flagge, und wir, die Banditen, eröffnen das Feuer. Übrigens haben wir keinen einzigen getroffen, aber das ist unwichtig.«

»Was soll das heißen – unwichtig?«

»Wichtig war einzig und allein, daß geschossen wurde. Das mußte gezeigt werden. Nicht den Deutschen. Die konnten das besser. Der Welt mußten wir es zeigen, dieser anderen Welt, die nicht die deutsche war. Die Menschen haben immer geglaubt, das Schießen sei das größte Heldentum. Darum haben wir geschossen.«

»Wieso habt ihr ausgerechnet diesen Tag, den 19. April, dazu bestimmt?«

»Nicht wir, sondern die Deutschen haben das getan. An diesem Tag sollte die Liquidierung des Ghettos beginnen. Von der arischen Seite wurde uns telefonisch mitgeteilt, man bereite alles vor, die Mauern seien schon umstellt. Am Abend des 18. versammelten wir uns bei Anielewicz, alle fünf, der ganze Stab. Ich war mit meinen zweiundzwanzig Jahren wohl der Älteste, Anielewicz war ein Jahr jünger. Insgesamt, zu fünft, brachten wir es auf hundertzehn Jahre.

Viel wurde dort nicht mehr geredet. ›Wie sieht es aus?‹ – ›Jetzt sind aus der Stadt die Anrufe gekommen.‹ Anielewicz übernimmt das zentrale Ghetto, seine Stellvertreter – Geller und ich – die Bürstenfabrik und die Werkstätten von Toebbens. – ›Na, auf morgen dann!‹ Nur daß wir uns verabschiedeten, was wir bis dahin nie getan hatten.«

»Warum ist gerade Anielewicz Kommandeur geworden?«

»Er wollte es so gern, da haben wir ihn gewählt. In seinem Ehrgeiz war er etwas kindlich, aber sonst begabt, belesen und voller Vitalität. Vor dem Krieg hatte er im Stadtteil Solec gewohnt. Seine Mutter handelte mit Fischen, und wenn sie sie nicht los wurde, schickte sie ihn nach roter Farbe, er mußte die Kiemen färben, damit sie frisch aussahen. Er hatte immer Hunger. Als er aus dem Steinkohlenrevier kam und wir ihm zu essen gaben, schirmte er den Teller mit der Hand ab, damit ihm keiner etwas wegnahm.

Er hatte viel jugendlichen Eifer, viel Feuer, nur eine ›Aktion‹ hatte er vorher nie erlebt. Er hatte noch nie gesehen, wie auf dem Umschlagplatz Menschen verladen wurden. Und so etwas – mit ansehen zu müssen, wie vierhunderttausend Menschen ins Gas geschickt werden –, das kann einen kaputtmachen.

Am 19. April trafen wir uns nicht. Erst am Tag darauf sah ich ihn wieder. Er war ein anderer Mensch geworden. Celina sagte: ›Weißt du, das ist gestern mit ihm geschehen. Er saß da und wiederholte nur: Wir werden alle umkommen...‹ Nur einmal kam wieder Leben in ihn: Als wir von der AK* die Mitteilung erhielten, wir sollten im nördlichen Teil des Ghettos warten. Wir wußten nicht genau, worum es ging, übrigens kam nichts dabei heraus, den Jungen, der dort hingegangen war, verbrannten sie auf der Miła bei lebendigem Leibe. Den ganzen Tag hörten wir ihn schreien. Was meinst du, kann das noch jemanden beeindrucken: ein verbrannter junger Mann nach vierhunderttausend Verbrannten?«

»Ich glaube, daß ein verbrannter junger Mensch einen größeren Eindruck macht als vierhunderttausend, vierhunderttausend aber wiederum einen größeren als sechs Millionen. Ihr wußtet also nicht genau, worum es ging...«

»Er dachte, es käme Verstärkung, und wir redeten auf ihn ein: ›Hör schon auf, dort ist totes Gelände, da kommen wir nicht durch.‹

Weißt du was? Ich denke, im Grunde seines Herzens hat er an einen Sieg geglaubt.

* *Armia Krajowa* (Heimatarmee): größte bewaffnete Widerstandsorganisation unter deutscher Besatzung; sie war als Untergrundarmee des fortexistierenden polnischen Staates konzipiert und unterstand der Befehlsgewalt der Londoner Exilregierung.

Freilich, vorher hat er nie darüber gesprochen. Im Gegenteil. ›Wir gehen in den Tod‹, rief er, ›es gibt keine Umkehr, wir sterben für die Ehre, für die Geschichte ...‹ Dergleichen Dinge sagt man ja in solchen Fällen. Aber heute meine ich, daß er die ganze Zeit über eine kindliche Hoffnung in sich trug.

Er hatte ein Mädchen, Mira, ein hübsches, hellhaariges, gutherziges Mädchen.

Am 7. Mai waren sie zusammen bei uns auf der Franciszkańska.

Am 8. Mai, auf der Miła, erschoß er zuerst sie, dann sich selbst. Jurek Wilner hatte gerufen: ›Sterben wir gemeinsam!‹ Lutek Rotblat erschoß Mutter und Schwester, dann begannen alle zu schießen, und als wir hinüberkamen, fanden wir nur wenige am Leben. Achtzig hatten Selbstmord begangen. ›So hat es sich auch geziemt‹, sagte man uns danach. ›Ein Volk ist gestorben und mit ihm seine Soldaten. Ein symbolischer Tod.‹ Dir gefallen solche Symbole sicherlich auch?

Ein Mädchen war dabei, Ruth. Siebenmal schoß sie auf sich selbst, ehe sie traf. Ein hübsches großes Mädchen mit pfirsichfarbener Haut, aber sechs wertvolle Patronen sind uns ihretwegen verlorengegangen.

An dieser Stelle ist jetzt eine Grünanlage. Ein Hügel, ein Stein, eine Aufschrift. Bei schönem Wetter kommen die Mütter mit ihren Kindern hierher, am Abend die Burschen mit ihren Mädchen. Eigentlich ist das ein Gemeinschaftsgrab, denn wir haben sie nie geborgen.«

»Du hast vierzig Soldaten gehabt. Ist euch nie der Gedanke gekommen, es ebenfalls zu tun?«

»Nein, das durfte man nicht tun. Auch wenn es ein sehr gutes Symbol war. Man opfert sein Leben nicht für

Symbole. Für mich gab es da keinen Zweifel. Jedenfalls die zwanzig Tage nicht. Ich war imstande, jemandem in die Fresse zu schlagen, wenn er hysterisch wurde. Ich war überhaupt zu allerlei imstande damals. Fünf Mann im Kampf zu verlieren und keine Gewissensbisse zu haben. Mich schlafen zu legen, während die Deutschen Löcher bohrten, um uns in die Luft zu sprengen – ich wußte einfach, daß wir nichts dagegen tun konnten. Erst als sie um zwölf zum Mittagessen abrückten, taten wir rasch das Nötige, um wegzukommen. (Ich regte mich nicht auf – sicher deshalb, weil eigentlich nichts passieren konnte. Nichts Größeres als der Tod, denn schließlich war es stets nur um ihn gegangen, nie um das Leben. Vielleicht hatte das alles dort gar nichts Dramatisches. Das Drama beginnt, wenn du eine Entscheidung treffen kannst, wenn etwas von dir abhängt. Dort aber war alles von vornherein entschieden. Jetzt, im Krankenhaus, geht es um das Leben – und ich muß jedesmal meine Entscheidung treffen. Jetzt rege ich mich viel mehr auf.)

Und noch etwas konnte ich. Einem Jungen, der mich um eine Adresse auf der arischen Seite gebeten hatte, konnte ich sagen: ›Dazu ist nicht die Zeit. Dafür ist es zu früh.‹ Stasiek hieß er ... Siehst du, an den Familiennamen erinnere ich mich nicht. ›Marek‹, hatte er gesagt, ›*dort* gibt es doch einen Ort, wo ich hingehen könnte ...‹ Sollte ich ihm sagen, daß es keinen solchen Ort gab? Ich sagte: ›Dafür ist es zu früh ...‹«

»Konnte man über die Mauer hinweg auf die arische Seite schauen?«

»Ja. Die Mauer reichte nur bis zum ersten Stock. Vom zweiten sah man schon die Straße *drüben*. Wir sahen ein Karussell und Leute, wir hörten die Musik und hatten entsetzliche Angst, daß diese Klänge uns übertönen und diese Leute uns nicht bemerken würden, daß überhaupt niemand auf der Welt aufmerksam würde – auf uns, diesen Kampf und die Toten...

Wir hatten Angst, diese Mauer könne so hoch sein, daß nichts, keine Nachricht von uns, hinüberdrang.

Aber aus London meldeten sie, General Sikorski habe Michał Klepfisz postum den Orden Virtuti Militari verliehen, dem Mann, der uns mit seinem Körper vor einem Maschinengewehr gedeckt hatte, damit wir fortkamen über unseren Dachboden. Er war Ingenieur, Mitte Zwanzig. Ein ungewöhnlich anständiger Kerl. Ihm war es zu danken, daß wir den Angriff abwehren konnten, und gleich hinterher kamen die drei mit der weißen Armbinde. Die Parlamentäre.

Hier habe ich gestanden, genau an dieser Stelle, nur das Tor war damals aus Holz. Der Betonpfeiler war da, die Baracke und wohl sogar diese Pappeln.

Warte mal, warum habe ich eigentlich immer auf dieser Seite gestanden?

Ach so, von dort drüben kam ja die Menge. Ich hatte wohl Angst, daß sie mich mitnehmen könnten.

Damals war ich Bote im Spital, und das war meine Arbeit: am Tor zum Umschlagplatz zu stehen und die Kranken herauszuführen. Unsere Leute fischten heraus, wer gerettet werden mußte, und ich brachte ihn als Kranken von hier fort.

Ich kannte keine Rücksicht. Eine Frau flehte mich an, ihre vierzehnjährige Tochter wegzubringen, aber ich konnte nur eine Person mitnehmen, und so nahm ich Zosia, denn sie war unsere beste Melderin. Viermal habe ich sie herausgeholt, und jedesmal wurde sie wieder geschnappt.

Einmal trieben sie die Leute an mir vorbei, die keine Lebensnummern hatten. Die Deutschen hatten diese Nummern ausgegeben und den Empfängern versprochen, daß sie am Leben blieben. Das ganze Ghetto kannte damals nur ein Ziel: eine Nummer zu bekommen. Später aber holten sie auch die mit den Nummern.

Danach hieß es, die Arbeiter der Fabrik hätten das Recht zu leben – dort wurden Nähmaschinen gebraucht, also glaubten die Leute, eine Nähmaschine könne ihnen das Leben retten, und zahlten dafür jeden Preis. Aber dann holten sie auch die mit den Maschinen.

Schließlich ließen sie bekanntmachen, es werde Brot geben. Jeder, der sich zur Arbeit melde, erhalte sechs Pfund Brot und dazu Marmelade.

Hör mal, mein Kind. Weißt du, was Brot damals für das Ghetto war? Wenn du es nämlich nicht weißt, dann wirst du nie verstehen, wie Tausende von Menschen freiwillig kommen und mit diesem Brot nach Treblinka fahren konnten. Keiner hat das bisher begreifen können.

Hier haben sie es verteilt, an dieser Stelle. Längliches, braungebackenes Roggenbrot.

Und weißt du was?

Die Leute gingen, ordentlich in Viererreihen, nach diesem Brot und anschließend in die Waggons. Es waren so viele, daß sie Schlange standen, zwei Transporte mußten jetzt täglich nach Treblinka abgefertigt werden – und dennoch faßten auch die nicht alle, die sich meldeten.

Und wir – wir wußten davon.

Im Jahre 42 hatten wir Zygmunt, einen Kollegen, losgeschickt, damit er in Erfahrung brachte, was mit den Transporten geschah. Er fuhr mit den Eisenbahnern vom Danziger Bahnhof. In Sokolów sagten sie ihm, hier gabele sich die Strecke, der eine Zweig führe nach Treblinka, ihn befahre täglich ein mit Menschen beladener Güterzug, der leer zurückkomme, Lebensmittel würden dorthin nicht geliefert.

Zygmunt kam ins Ghetto zurück, wir schrieben in unserer Zeitung darüber – es wurde nicht geglaubt. ›Seid ihr verrückt geworden?‹ sagten sie, wenn wir sie zu überzeugen versuchten, daß man sie nicht zur Arbeit transportierte. ›Würde man uns denn noch Brot geben, wenn wir umgebracht werden sollen? Meint ihr denn, daß sie so viel Brot vergeuden würden?‹

Die Aktion dauerte vom 22. Juli bis zum 8. September 1942, sechs Wochen. Diese ganzen sechs Wochen stand ich am Tor. Hier, an dieser Stelle. Vierhunderttausend Menschen habe ich das Geleit gegeben. Dabei sah ich denselben Betonpfeiler, den du jetzt siehst.

In der Berufsschule dort war unser Spital. Es wurde am 8. September liquidiert, am letzten Tag der Aktion. Im Obergeschoß gab es mehrere Säle mit Kindern. Als die Deutschen das Parterre betraten, schaffte es die Ärztin, allen Kindern Gift zu geben.«

»...«

»Da siehst du, daß du nichts von alldem begreifst. Sie hat sie schließlich vor der Gaskammer bewahrt, das war außergewöhnlich, und für die Menschen war sie eine Heldin.

Die Kranken lagen auf dem Fußboden und warteten, bis man sie in die Waggons verlud, die Schwestern suchten ihre Väter und Mütter heraus und gaben ihnen Spritzen. Nur für ihre nächsten Angehörigen hatten sie das Gift aufbewahrt – sie aber, jene Ärztin, gab *ihr* Zyankali fremden Kindern!

Ein einziger hätte laut die Wahrheit sagen können: Czerniaków. Ihm hätten sie geglaubt. Aber er hat Selbstmord begangen.

Das war nicht in Ordnung: wenn schon sterben, dann mit Feuerwerk. Dieses Feuerwerk war damals sehr nötig – und wenn schon sterben, dann mußten die Menschen vorher zum Kampf aufgerüttelt werden.

Eigentlich machen wir ihm nur das allein zum Vorwurf.«

»›Wir‹?«

»Ich und meine Freunde. Diese Toten. Wir werfen ihm vor, daß er sein Sterben zur Privatsache gemacht hat.

Wir wußten, daß man in aller Öffentlichkeit sterben mußte, vor den Augen der Welt.

Wir hatten verschiedene Ideen. David sagte, wir alle, die wir noch im Ghetto verblieben waren, sollten uns auf die Mauer stürzen, auf die arische Seite dringen, uns auf den Wällen der Zitadelle niederlassen, der Reihe nach, einer hinter dem anderen, und warten, bis die Gestapo uns mit Maschinengewehren umstellt und Reihe für Reihe erschießt.

Esther wollte das Ghetto in Brand stecken, damit wir alle mit ihm zusammen verbrennen. ›Mag der Wind unsere Asche verwehen‹, sagte sie, und damals klang das nicht pathetisch, sondern ganz nüchtern.

Die Mehrheit war für den Aufstand. Die Menschheit hat sich ja darauf geeinigt, daß das Sterben mit der Waffe schöner ist als das ohne Waffen. Also fügten wir uns dieser Konvention. Zweihundertzwanzig waren wir in der ŻOB* damals noch. Kann man das überhaupt einen

* *Żydowska Organizacja Bojowa*: Jüdische Kampforganisation

Aufstand nennen? Es ging darum, sich nicht abschlachten zu lassen, wenn die Reihe an uns kam.

Es ging nur darum, die Art des Sterbens zu wählen.«

Dieses Interview wurde in verschiedene Sprachen übersetzt und empörte die Leute aufs äußerste. Herr S., ein Schriftsteller, schrieb ihm aus den Vereinigten Staaten, er habe ihn in Schutz nehmen müssen und zu diesem Zweck schon drei lange Artikel verfaßt, um diese Entrüstung zu beschwichtigen. Und der Titel lautete: »Bekenntnisse des letzten Kommandeurs des Warschauer Ghettos«.

In Französisch, Englisch, Jiddisch und anderen europäischen Sprachen schrieben die Leute an die Zeitungen, daß er alles seiner Größe entkleidet habe. Am meisten aber hatten es ihnen die Fische angetan. Die Fische, denen Anielewicz die Kiemen rot angemalt hatte, damit seine Mutter sie in Solec als frische Waren feilbieten konnte.

Anielewicz – der Sohn einer Hökerin, der Fischkiemen färbt. Das hatte noch gefehlt. Jener Schriftsteller hatte also keine leichte Aufgabe, aber auch ein Deutscher aus Stuttgart schrieb einen netten Brief.

»Sehr geehrter Herr Doktor«, schrieb dieser Deutsche, der während des Krieges als Wehrmachtsoldat im Warschauer Ghetto gewesen war, »ich habe dort viele Leichen auf den Straßen gesehen, viele Körper, die mit Papier zugedeckt waren, ich weiß noch, wie entsetzlich das war, wir sind beide Opfer dieses furchtbaren Krieges, könnten Sie mir zur Antwort ein paar Worte schreiben?«

Selbstverständlich, hat er geantwortet, es wäre ihm

sehr angenehm, und er verstehe ausgezeichnet die Gefühle des jungen deutschen Soldaten, der zum erstenmal mit Papier zugedeckte Leichen sieht.

Die Geschichte mit Herrn S., dem Schriftsteller, hat ihn gleich an die USA-Reise im Jahre 63 erinnert. Dort hatte er eine Zusammenkunft mit Gewerkschaftsführern. Er weiß es noch: ein Tisch mit etwa zwanzig Herren, gespannte, ergriffene Gesichter – die Bosse von Gewerkschaftsverbänden, die während des Krieges Geld gespendet haben, Geld für das Ghetto, Geld für Waffen.

Der Vorsitzende begrüßte ihn, die Diskussion begann. Über das Erinnerungsvermögen, das menschliche Gedächtnis. Was das eigentlich sei, und ob die Errichtung eines Gebäudes der Aufstellung eines Denkmals vorzuziehen sei. Dilemmas literarischer Natur. Er nahm sich sehr zusammen, damit ihm keine unpassende Bemerkung herausrutschte wie: »Was macht das denn heute noch aus?« Er hatte kein Recht, ihnen Verdruß zu bereiten. Vorsicht, sagte er sich, paß auf, sie haben schon Tränen in den Augen. Sie haben Geld für Waffenkäufe gespendet und sind zu Präsident Roosevelt gelaufen, um ihn zu fragen, ob all die Geschichten wahr sind, die über das Ghetto erzählt werden. Du mußt also nett zu ihnen sein...

(Das war sicher nach einem der ersten Berichte, die »Wacław« verfaßt hatte, gleich nachdem ihn Tosia Goliborska im Tausch gegen ihren Perserteppich bei der Gestapo ausgelöst hatte. Den Mikrofilm mit dem Bericht hatte ein Kurier in seinem plombierten Zahn befördert, er war über London in die USA gelangt, aber es war ihnen schwergefallen, an die Tausende zu glauben, die auf den Umschlagplatz getrieben, an die Tausende, die zu

Seife verarbeitet wurden, und sie waren zu ihrem Präsidenten gegangen, um ihn zu fragen, ob man solche Sachen ernst nehmen durfte.)

Also war er sehr nett zu ihnen gewesen, hatte es zugelassen, daß die Rührung sie übermannte, daß sie von Gedenken und Gedächtnis sprachen. Und nun hatte er allen so weh getan: »Kann man das überhaupt einen Aufstand nennen?«

Wir müssen auf die Fische zurückkommen. In der französischen Übersetzung, in der Wochenzeitung »L'Express«, waren das keine Fische, sondern *du poisson*, und die Mutter Anielewiczs, diese jüdische Hökerin aus Solec, hatte *un petit pot de peinture rouge* gekauft. Kann man sowas überhaupt ernst nehmen? Ist ein Anielewicz, der den Kiemen *(les ouies)* ein wenig *peinture rouge* auflegt, überhaupt noch Anielewicz?

Das erinnert an den Versuch, englischen Vettern von der Großmutter zu erzählen, die während des Warschauer Aufstands 1944 verhungert ist. Diese fromme alte Frau bat kurz vor ihrem Tod um etwas zu essen, es brauchte ja gar nicht koscher zu sein, sagte sie, sie nähme auch ein Schweinskotelett.

All das mußte den englischen Vettern natürlich auf englisch erzählt werden, also bat die Großmutter nicht um ein Kotelett, sondern um ein *pork-chop*, und da war sie zum Glück gleich nicht mehr jene alte Frau, die im Sterben lag. Zum Glück – denn nun ließ sich von ihr schon ohne Hysterie berichten, mit der Gelassenheit, mit der man bei einem kultivierten englischen Dinner eine ergreifende Geschichte erzählt.

Aber sie beharrten darauf, daß es doch der wahre Anielewicz war. Der mit der *peinture rouge*. Etwas muß ja wohl daran sein, wenn so viele Leute darauf beharren. Und wenn sie schreiben, solche Sachen dürfe man von dem Kommandeur nicht erzählen.

»Hör zu«, sagt er, »wir müssen jetzt aufpassen. Wir werden die Worte sehr sorgfältig wägen.«

»Aber ja.«

»Wir werden die Worte sehr sorgfältig wägen und uns bemühen, die Leute in nichts zu verletzen.«

Eines Tages kommt ein Anruf von Herrn S., dem amerikanischen Schriftsteller. Er ist in Warschau. Er hat Antek und Celina getroffen, möchte aber mit ihm persönlich sprechen.

Jetzt wird es Ernst. Denn es kann einen kaltlassen, was die ganze Welt zu sagen hat, aber die Meinung von zwei Menschen darf man nicht mißachten, und diese beiden sind eben Antek und Celina. Er war Stellvertreter von Anielewicz, Vertreter der ŻOB auf der arischen Seite, und hatte das Ghetto kurz vor Ausbruch des Aufstands verlassen. Sie war die ganze Zeit bei ihnen, vom ersten Tag an, und sie verließ das Ghetto mit ihnen durch die Kanäle.

Antek hatte bisher geschwiegen. Und nun kommt Herr S. und sagt, er hätte ihn vor einer Woche gesprochen.

Ich habe den Eindruck, daß Edelman vor dieser Begegnung ein bißchen nervös ist. Unnötigerweise, wie sich herausstellt. Herr S. sagt, Antek versichere ihn seiner Freundschaft und Hochachtung, bis auf gewisse Einzelheiten billige er das gesamte Interview.

»Bis auf welche Einzelheiten?« fragte ich Herrn S.

Antek hat zum Beispiel gesagt, sie seien beim Aufstand nicht zweihundert gewesen. Sie waren mehr, fünfhundert, sechshundert sogar.

(»Antek behauptet, ihr seid sechshundert gewesen. Vielleicht korrigieren wir diese Zahl?«

»Nein«, sagt er. »Wir waren zweihundertzwanzig.«

»Aber Antek will es, Herr S. will es, alle wollen es so sehr, daß ihr ein paar mehr gewesen seid... Korrigieren wir es?«

»Das hat doch nichts zu sagen.« Er ist wütend. »Könnt ihr denn alle wirklich nicht begreifen, daß das nichts mehr zu sagen hat?«)

Aha, und noch etwas. Selbstverständlich. Die Fische.

Nicht Anielewicz hat sie gefärbt, sondern die Mutter. »Notieren Sie sich das«, sagt Herr S., der Schriftsteller. »Das ist nämlich sehr wichtig.«

Ich komme auf das Problem zurück, die Worte mit Besonnenheit zu wägen.

Drei Tage nachdem er das Ghetto verlassen hatte, kam Celemeński und führte ihn vor die Vertreter der politischen Parteien, die seinen Bericht über den Aufstand hören wollten. Er war der einzige vom Stab der Aufständischen, der noch am Leben war, und überdies Stellvertreter des Kommandeurs, also machte er seine Meldung: »In diesen zwanzig Tagen hätte man mehr Deutsche töten und mehr der Unseren retten können. Aber die Ausbildung war unzureichend und damit die Fähigkeit der Gefechtsführung. Außerdem haben auch die Deutschen gezeigt, daß sie kämpfen können.«

Die Zuhörer schauten einander in tiefem Schweigen an. Endlich sagte einer: »Man muß ihn verstehen, das ist kein normaler Mensch. Das ist nur noch der Rest von einem Menschen.«

Wie sich zeigte, hatte er nicht gesprochen, wie es sich gehört hätte.

»Und wie hätte es sich gehört?« fragte er.

Voller Haß und Pathos, schreiend – nur der Schrei allein ist imstande, all das auszudrücken.

Also taugte er von Anfang an nicht zum Redner, denn er konnte nicht schreien. Und er taugte auch nicht zum Helden, denn in ihm war kein Pathos.

Was für ein Pech.

Der einzige, der überlebt hatte, taugte nicht zum Helden.

Seit er das begriffen hatte, hielt er taktvoll den Mund. Lange, ziemlich lange, dreißig Jahre. Und nachdem er endlich doch wieder gesprochen hatte, lag es klar auf der Hand, daß es für alle besser gewesen wäre, er hätte sein Schweigen bewahrt.

Zu der Begegnung mit den Vertretern der Parteien war er mit der Straßenbahn gefahren. Zum erstenmal seit dem Verlassen des Ghettos fuhr er Straßenbahn, und dabei ging etwas Schreckliches in ihm vor.

Er sehnte sich danach, kein Gesicht zu haben.

Nicht aus Furcht, jemand könne stutzig werden und ihn verraten. Sondern weil er spürte, daß er ein abstoßendes, schwarzes Gesicht hatte. Ein Gesicht von dem Plakat *Juden – Läuse – Flecktyphus*. Und alle stehen um ihn herum und haben helle Gesichter. Sie sind hübsch und ruhig. Sie können ruhig sein, denn sie wissen, sie sind blond und schön.

In Żoliborz, bei den Vorstadthäuschen, stieg er aus. Die Straße war leer, nur eine ältere Frau goß die Blumen im Vorgarten. Sie schaute über den Drahtzaun zu ihm, und er suchte sich klein zu machen, zu verschwinden, möglichst wenig Platz einzunehmen an diesem lichten Ort.

Heute gab es im Fernsehen einen Film über Krystyna Krahelska. Auch sie hatte blondes Haar. Der Nitschowa hat sie Modell gesessen für das Standbild der Sirene, sie hat Verse geschrieben, Balladen gesungen, und während des Warschauer Aufstands starb sie in einem Feld von Sonnenblumen. Eine Frau berichtete darüber – sie sei durch die Gärten gelaufen, und weil sie so groß war, boten ihr die Sonnenblumen keinen Schutz, nicht einmal, wenn sie sich duckte.

Ein warmer Augusttag also. Sie hat einen Verwundeten versorgt, ein Lied geschrieben: »He, Jungen, pflanzt auf das Bajonett«. Nun läuft sie, das lange blonde Haar aufgesteckt, der Sonne entgegen...

Ein schönes Leben und ein schöner Tod. Ein wahrhaft ästhetischer Tod. Nur so darf man sterben. Aber so leben und sterben nur schöne und blonde Menschen. Die Schwarzen und Häßlichen leben und sterben ohne Effekt: in Furcht und Finsternis.

(Bei der Frau, die von der Krahelska erzählte, hätte man eventuell Unterschlupf gefunden. Sie ist nicht geschminkt, war nicht beim Friseur, ganz bestimmt ist sie, was das Fernsehen nicht zeigt, zu stark in den Hüften, und wenn sie Bergwanderungen macht, trägt sie einen Gürtel über dem Pullover. Ihr Mann hätte nicht einmal zu wissen brauchen, daß sie jemanden versteckt hält, man brauchte nur aufzupassen und nachmittags zwischen halb vier und vier nicht die Toilette zu benutzen. Er hat einen sehr regelmäßigen Stuhlgang und geht gleich, wenn er nach Hause kommt, noch vor dem Essen.)

Die Schwarzen und Häßlichen liegen, vom Hunger geschwächt, auf ihrem feuchten Lager und warten, bis ihnen jemand in Wasser gekochten Hafer oder etwas aus der Abfallgrube bringt. Alles ist dort grau – Gesichter, Haare, Bettzeug. Mit dem Karbid für die Lampe gehen sie sparsam um. Ihre Kinder reißen den Passanten auf der Straße die Päckchen aus der Hand, in der Hoffnung, Brot zu finden, und alles wird sofort vertilgt. Im Spital bekommt jedes der vom Hunger aufgeblähten Kinder täglich Eipulver in einer Menge, die einem halben Ei entspricht, und eine Tablette Cebion. Die Verteilung nehmen die Ärzte vor, um der Hilfsschwester, die selbst einen geschwollenen Körper hat, diese Mühsal zu ersparen. (Nur das »weißbekittelte« Personal, Ärzte und Schwestern, bekamen Lebensmittelzuteilungen: pro Kopf und Tag einen halben Liter Suppe und sechzig Gramm Brot. Auf einer speziell einberufenen Versammlung beschlossen sie, daß jeder zweihundert Gramm Suppe und zwanzig Gramm Brot an die Heizer und Hilfsschwestern abtritt. Dadurch hatten sie alle die gleiche Menge: dreihundert Gramm Suppe und vierzig Gramm Brot.) Auf der Krochmalna, Hausnummer 18, riß die dreißigjährige Rywka Urman mit den Zähnen ein Stück Fleisch aus dem Körper eines zwölfjährigen Kindes, das am Vortage verhungert war. Die Menschen umstanden die Frau schweigend, in völliger Stille. Sie hatte graue, zerzauste Haare, ein graues Gesicht, irr blickende Augen. Später kam die Polizei und nahm ein Protokoll auf. Auf der Krochmalna, vor dem Haus Nr. 14, fand man den Leichnam eines Kindes, der bereits in Verwesung übergegangen war. Die Mutter Chudesa Borensztajn, Wohnung Nummer 67, hatte ihn dort hingelegt, das Kind trug den Vornamen Moszek. (Ein Fuhrwerk der Begräbnisanstalt »Ewigkeit« brachte den Leichnam weg, und Chudesa Borensztajn gab zu Protokoll, sie habe ihn auf die Straße gebracht, weil die Gemeinde ohne Geld keine Beerdigungen vornahm, und sie hätte auch nicht mehr lange zu leben.) Die Leute wurden zur Entlausung ins Bad geführt. Vor dem Bad in der Spokojna warteten sie Tag und Nacht auf der Straße, und als morgens nur für die Kinder Suppe gebracht wurde, mußte die Polizei eingreifen, um die Menge auseinanderzutreiben, die den Kindern das Essen entreißen wollte.

Der Hungertod ist ebensowenig ästhetisch wie das Leben. »Manche schlafen auf der Straße ein: mit einem Stück Brot im Mund oder bei dem Versuch einer körperlichen Anstrengung, zum Beispiel wenn sie laufen, um Brot zu bekommen.«

Das stammt aus einer wissenschaftlichen Arbeit.

Die Ärzte im Ghetto stellten Untersuchungen über den Hunger an, denn der Mechanismus des Hungertods war den Medizinern damals unklar und die sich bietende Gelegenheit mußte genutzt werden. Die Gelegenheit war außerordentlich: »Noch niemals«, so schrieben sie, »verfügte die Medizin über so umfangreiches Forschungsmaterial.«

Für den Arzt ist das auch heute ein interessantes Problem.

»Beispielsweise die Störung des Gleichgewichts von Wasser und Eiweiß im Organismus«, sagt Dr. Edelman. »Schreiben sie dort was über Elektrolyte? Mit dem Wasser zusammen gelangen Kalium und Salz ins Bindegewebe. Schau mal nach, ob sie daraufgestoßen sind, was das Eiweiß dabei für eine Rolle spielt.«

Nein, über Elektrolyte schreiben sie nichts. Sie stellen enttäuscht fest, es sei ihnen nicht gelungen, den für den Arzt so interessanten Mechanismus der Entstehung von Hungerödemen aufzuklären.

Vielleicht wären sie auf die Rolle des Eiweißes gestoßen, wenn sie ihre Arbeit nicht plötzlich hätten abbrechen müssen. Das nämlich war leider der Fall, und die Rechtfertigung dafür ist in der Einleitung zu finden. Sie konnten die Untersuchungen nicht fortsetzen, »weil das wissenschaftliche Material – die Menschen – der Vernichtung anheimgefallen sind«. Die Liquidierung des Ghettos hatte begonnen.

Gleich nach dem »Forschungsmaterial« starben übrigens auch die Forscher.

Dr. Teodozja Goliborska hat als einzige überlebt. Sie untersuchte den Stoffwechsel unterernährter Menschen im Ruhezustand.

Aus Australien schreibt sie mir, aus der Fachliteratur sei ihr zwar bekannt gewesen, daß dieser Stoffwechsel sich bei Unterernährung verringere, sie habe aber nicht geglaubt, daß das so stark der Fall sein könnte. Sie bringe es in Verbindung mit der abnehmenden Frequenz und Tiefe der Atemzüge, mit der geringeren Menge an Sauerstoff also, der vom unterernährten Organismus verbraucht wird.

(Ich frage Frau Dr. Goliborska, ob ihr diese Untersuchungen später in ihrer ärztlichen Praxis von Nutzen gewesen sind. Sie verneint. Alle Leute, die sie in Australien zu behandeln hatte, waren satt und sogar überernährt.)

Hier einige Ergebnisse, vorgelegt in der Arbeit »Unterernährung. Klinische Untersuchungen über den Hunger im Warschauer Ghetto 1942«:

Wir unterscheiden drei Stufen der Abmagerung: Bei Stufe I wird der Fettüberschuß abgebaut. Der Mensch gewinnt ein jüngeres Aussehen. ›In der Vorkriegszeit trafen wir diese Erscheinung oft bei Patienten an, die aus Karlsbad, Vichy usw. zurückkehrten.‹ Zur Stufe II gehören fast alle von uns beobachteten Fälle. Eine Ausnahme bilden die Fälle der Stufe III in Gestalt der Hungerkachexie, die meist dem Tod vorausgeht.

Kommen wir zur Beschreibung von Veränderungen in einzelnen Systemen und Organen.

Das Körpergewicht betrug im Durchschnitt 30 bis 40 Kilogramm und lag um 20 bis 25 Prozent unter dem der Vorkriegszeit. Das geringste Gewicht wurde mit 24 Kilo bei einer dreißigjährigen Frau gemessen.

Die Haut war bleich, häufig auch bläulichweiß.

Die Nägel, insbesondere die Fingernägel, waren klauenartig...

(Wir gehen vielleicht zu sehr ins Detail und sind zu ausführlich, aber das ist notwendig, weil man unbedingt begreifen muß, welcher Unterschied besteht zwischen einem schönen und einem unansehnlichen Leben, einem schönen und einem unansehnlichen Tod. Das ist wichtig. Alles, was später kam – am 19. April 1943 –, war die Sehnsucht nach einem schönen Tod.)

Ödeme traten zuerst im Gesicht auf; in der Gegend der Augenlider, aber auch an den Füßen und bei manchen schließlich gleichmäßig über die gesamte Deckhaut verteilt. Bei einem Einstich trat aus dem subkutanen Gewebe etwas Flüssigkeit aus. Im Frühherbst bestand Anfälligkeit gegen Erfrierungen an Fingern und Zehen.

Die Gesichter waren ohne Ausdruck, maskenhaft.

Am ganzen Körper war vor allem bei Frauen eine sehr starke Behaarung festzustellen, im Gesicht durch Bartwuchs, manchmal durch Behaarung der Augenlider. Außerdem traten lange Wimpern auf...

Der psychische Zustand war durch einen Rückgang der geistigen Beweglichkeit gekennzeichnet.

Aktive, energische Menschen wurden apathisch und träge. Sie waren fast immer schläfrig. An den Hunger dachten sie nicht, sie waren sich über seine Anwesenheit nicht im klaren, wurden beim Anblick von Brot, Süßigkeiten oder Fleisch jedoch plötzlich aggressiv, schlangen es gierig hinunter, selbst wenn sie sich damit Prügeln aussetzten, denen sie sich nicht durch Flucht entziehen konnten.

Der Übergang vom Leben zum Tod vollzog sich allmählich, kaum merklich. Der Tod ähnelte dem physiologischen Alterstod.

Sektionsmaterial. (Berücksichtigt wurden 3282 Vollsektionen):

Hautfarbe verhungerter Personen: blaß oder leichenblaß in 82,5 Prozent, dunkel oder braun in 17 Prozent der Fälle.

Ödeme waren bei einem Drittel der Obduzierten vorhanden, am häufigsten an den Beinen. Seltener waren Rumpf und Arme geschwollen. In der Mehrzahl der Fälle traten die Schwellungen bei Personen mit bleicher Haut auf. Man darf den Schluß ziehen, daß bleiche Haut Ödeme, braune Haut trockene Auszehrung begleitet.

Aus einem Sektionsprotokoll (L. prot. sekc. 8613):

›Person weiblichen Geschlechts, 16 Jahre alt. Klinische Diagnose: *Inanitio permagna*. Ernährung sehr schlecht. Hirn 1300 Gramm, sehr weich, geschwollen. In der Bauchhöhle ca. 2 Liter einer durchsichtigen gelblichen Flüssigkeit. Das Herz ist kleiner als die Faust der Toten.‹

Häufigkeit des Schwunds einzelner Organe:

Einem Schwund unterliegen in der Regel Herz, Leber, Nieren und Milz.

Dieser Schwund wurde beim Herzen in 83 Prozent, bei der Leber in 87 Prozent, bei Milz und Nieren in 82 Prozent aller Fälle festgestellt. Eine solche Erscheinung zeigte sich auch bei den Knochen, die weich und porös wurden.

Am stärksten schrumpfte die Leber: von etwa zwei Kilogramm beim gesunden Menschen auf vierundfünfzig Gramm. Das niedrigste Gewicht eines Herzens lag bei hundertzehn Gramm.

Das Gehirn verringerte sich fast gar nicht und behielt ein Gewicht von etwa tausenddreihundert Gramm.

Der Professor war damals Chirurg in Radom, im St.-Kazimierz-Hospital. (Der Professor ist ein hochgewachsener, graumelierter, distinguierter Herr. Er hat wunderbare Hände. Er liebt die Musik und hat früher gern Violine gespielt. Er beherrscht mehrere Fremdsprachen. Sein Urgroßvater war napoleonischer Offizier, sein Großvater Teilnehmer des Aufstands von 1863.)

Fast täglich wurde damals ein verwundeter Partisan eingeliefert.

Meistens handelte es sich um Bauchschüsse. Bei Leuten mit Kopfschuß war es schwierig mit dem Transport:

Man konnte sie nicht rechtzeitig ins Krankenhaus einliefern. Er machte also Operationen an Magen, Milz, Blase und Dickdarm. Dreißig bis vierzig Bäuche schaffte er mitunter an einem Tag.

Im Sommer 44 kamen die ersten Brustkörbe – damals war der Brückenkopf bei Warka gebildet worden. Viele Brustkörbe, von Schrapnellen und Granatsplittern zerrissen, von einem Stück Fensterleibung durchbohrt, das ein Geschoß hineingetrieben hatte. Lunge und Herz quollen heraus, man mußte alles wieder an seinen Ort zurückstopfen und irgendwie zusammenflicken.

Und als im Januar die Offensive nach Westen rollte, kamen auch noch Köpfe hinzu – das Militär hatte Fahrzeuge und brachte die Verwundeten rechtzeitig her.

»Ein Chirurg muß ständig seine Finger üben«, sagt der Professor. »Wie ein Pianist. Und ich hatte dazu ja beizeiten reichlich Gelegenheit.«

Der Krieg ist eine vortreffliche Schule für junge Chirurgen. Der Professor gewann also kolossale Fertigkeiten: dank der Partisanen bei Bauchoperationen, dank der Front bei Eingriffen am Kopf – aber am allerwichtigsten war Warka.

Während des Brückenkopfes von Warka sah der Professor zum erstenmal ein bloßliegendes, schlagendes Herz.

Vor dem Krieg hatte keiner gesehen, wie ein Herz schlägt, nicht einmal bei einem Tier, denn wozu sollte man ein Tier quälen, wenn die Medizin schließlich doch nie Nutzen davon haben würde. 1947 wurde erstmalig in Polen ein Brustkorb durch einen chirurgischen Eingriff geöffnet. Professor Crafoord nahm die Operation vor, er war extra aus Stockholm gekommen. Aber nicht einmal er vergriff sich an dem Herzbeutel, den alle wie verzaubert anstarrten, wie er sich rhythmisch bewegte, als sei ein lebendiges kleines Tier darin verborgen. Und nur er allein – und nicht der Professor Crafoord, nur er allein wußte genau, wie das aussieht, was in diesem Beutel so unruhig schlägt. Nur er nämlich, und nicht der weltberühmte schwedische Gast, hatte aus den Herzen der Bauern Stoffreste, Kugeln und Splitter von Fensterrahmen entfernt, und darum konnte er übrigens schon fünf Jahre später, am 20. Juni 1952, das Herz von Genowefa Kwapisz öffnen und eine Mitralstenose operieren.

Es besteht ein enger und logischer Zusammenhang zwischen den Herzen von Warka und all den anderen, die er später operierte, einschließlich des Herzens von Herrn Rudny, einem Meister für Posamentiermaschinen, des Herzens von Frau Bubner (deren seliger Mann sich zum Nutzen der Gemeinde mosaischen Glaubens verwendet hatte, weshalb sie auch vor der Operation ganz gelassen war und sogar die Ärzte beruhigte: »Regen Sie sich bitte nicht auf, mein Mann hat sehr gute Beziehungen zum Herrgott, er wird schon alles Nötige erledigen«), und des Herzens von Herrn Rzewuski, dem Präsidenten des Automobilklubs, und vieler, vieler anderer.

Rudny wurde eine Vene aus dem Bein ins Herz verpflanzt, damit das Blut freie Bahn bekam. Das war in dem Moment, als der Infarkt begann. Rzewuski bekam solch eine Vene, als der Infarkt bereits andauerte. Bei Frau Bubner wurde die Richtung des Blutkreislaufs im Herzen geändert ...

Hat er eigentlich Angst vor solch einer Operation?

O ja. Sehr große Angst. Hier spürt er sie, an dieser Stelle, hier drinnen.

Und jedes Mal hofft er, es könne im letzten Moment

etwas dazwischenkommen: die Internisten ihr Veto einlegen, der Patient es sich anders überlegen oder er selber einfach davonlaufen ...

Was fürchten Sie denn? Den Herrgott?

Ja, den Herrgott fürchtet er auch, aber nicht am meisten.

Daß der Patient stirbt?

Das auch, aber er weiß ja ebenso wie alle anderen, daß er ohne Operation auch stirbt.

Wovor hat er also Angst?

Er hat Angst, die Kollegen könnten sagen: *Er experimentiert am Menschen.* Das ist die schlimmste Anklage, die es geben kann.

Die Ärzte haben eine eigene Institution der Berufsaufsicht, und der Professor erzählt von einem Chirurgen, der ein Kind angefahren, es daraufhin ins Auto gepackt, auf seine Station gebracht und dort behandelt hat. Das Kind ist gesund, die Mutter wirft dem Arzt nichts vor, aber die Berufsaufsicht fällt den Spruch, die Behandlung des Kindes auf der eigenen Station stehe im Widerspruch zur ärztlichen Ethik. Der Chirurg erhielt eine Rüge, durfte seinen Beruf nicht mehr ausüben und starb kurz darauf an einem Herzanfall.

Der Professor erzählt nur so nebenbei davon. Eigentlich ohne Zusammenhang. Weil ich gefragt habe, wovor der Arzt sich fürchtet.

Mit der Ethik ist alles viel komplizierter, als ich mir das vorstelle.

Ein Beispiel: Hätte er den Präsidenten Rzewuski nicht operiert, dann wäre Rzewuski gestorben. Es wäre nichts Besonderes passiert; so viele Leute sterben am Infarkt ... Das versteht jedermann ohne Erläuterung.

Wäre Rzewuski jedoch nach der Operation gestorben – oh, dann sähe der Fall ganz anders aus. Dann hätte jemand bemerken können, daß niemand auf der Welt derartige Eingriffe vornimmt. Ein anderer hätte fragen können, ob der Professor nicht manchmal ein bißchen leichtsinnig sei – und so etwas könnte rasch nach einer Verallgemeinerung klingen …

Nun wird es uns also viel leichter fallen zu verstehen, worüber der Professor nachdenkt, während er vor dem Eingriff in seinem Zimmer sitzt und im Operationstrakt sich bereits der Anästhesist an Rzewuski zu schaffen macht.

Der Professor sitzt schon eine Weile in seinem Arbeitszimmer, obwohl es in Wahrheit gar nicht sicher ist, daß es tatsächlich um Rzewuski geht. Dort draußen könnte man sich jetzt ebensogut an Rudny oder an Frau Bubner zu schaffen machen. Allerdings muß zugegeben werden, daß sich der Professor bei Rzewuski am meisten aufgeregt hat.

Äußerst ungern nämlich operiert der Professor intelligente Herzen. Ein intelligenter Mensch macht sich vorher zuviel Gedanken, hat zuviel Phantasie, stellt sich und den anderen immer wieder Fragen, und das alles schlägt sich dann ungünstig nieder: auf den Puls, den Blutdruck und überhaupt auf die ganze Operation. Ein Mann wie Rudny dagegen überläßt sich mit größerem Zutrauen den Händen des Chirurgen, er hat keine überflüssigen Fragen, und darum ist er auch viel leichter zu operieren.

Lassen wir es also bei Rzewuski. Der Professor sitzt in seinem Arbeitszimmer, ihm steht eine Operation bevor, die er an einem intelligenten Herzen im Zustand des akuten Infarkts durchführen soll, an einem Herzen, das vor wenigen Stunden mit dem Notarztwagen aus einer Warschauer Klinik eingeliefert worden ist.

Der Professor ist völlig allein.

Nebenan, draußen vor der Tür, sitzt auf einem Stuhl Dr. Edelman und raucht eine Zigarette nach der anderen.

Um was geht es eigentlich?

Edelman hat gesagt, man könne Rzewuski trotz des Infarkts operieren, und ohne diese Worte gäbe es die ganze Sache nicht.

Herrn Rudny übrigens auch nicht. Den hatte der Professor operiert, als es jeden Augenblick zum Infarkt kommen konnte, und dabei steht in allen Lehrbüchern der Herzchirurgie, genau das sei der Zustand, da man nicht operieren dürfe.

Ebensowenig gäbe es die Idee, den Blutkreislauf der Frau Bubner umzukehren (und vielleicht gäbe es auch Frau Bubner selbst nicht mehr, aber dieser Gedanke gehört jetzt nicht zum Thema).

Da die Szene im Arbeitszimmer für uns am Ende doch nur ein Vorwand ist, können wir den Professor für eine Weile an seinem Schreibtisch sitzen lassen und erklären, worum es bei diesem Blutkreislauf eigentlich ging.

Einmal, bei irgendeiner Operation, war ein Assistent im Zweifel gewesen, ob der Professor eine Arterie oder eine Vene abgeklemmt hatte (es kommt vor, daß die Gefäße einander sehr ähneln). Alle meinten, es sei schon in Ordnung und eine Arterie gewesen. Aber der Assistent beharrte: »Es war eine Vene, ganz bestimmt.« Edelman war nach Hause gegangen und hatte angefangen zu grübeln: Wenn es nun wirklich eine Vene gewesen ist? Er wirft eine Skizze aufs Papier. Das sauerstoffhaltige Blut – so hat man es in der Schule gelernt – fließt durch die Arterien. Man könnte es von der Aorta direkt in die Venen leiten, die durchlässig sind, weil sie nicht verkalken. Also lassen sie es nicht zum Infarkt kommen. Abfließen müßte dieses Blut dann ...

Edelman ist sich nicht ganz klar darüber, wie das Blut dann abfließen müßte, aber am nächsten Tag zieht er seine Skizze hervor. »Man könnte, Herr Professor, sehen Sie bitte, einfach hier, und der Muskel wäre mit Blut versorgt ...«

Der Professor wirft einen Blick darauf und nickt höflich.

»Ja, das ist sehr interessant.« Was außer Höflichkeit kann er übrig haben für einen Mann, der erzählt, das Blut könne dem Herzen statt über die Arterien über die Venen zugeführt werden?

Edelman kehrt in sein Krankenhaus zurück, der Professor kommt abends nach Hause und legt die Skizze auf den Nachttisch. Er schläft immer bei Licht, um sofort voll dazusein, wenn er nachts aufwacht. So löscht er die Lampe auch diesmal nicht, und als er vier Stunden später wach wird, kann er gleich nach dem Blatt mit Edelmans Zeichnung greifen.

Es ist schwer zu sagen, wann der Professor mit der Betrachtung dieser Skizze aufgehört und selbst begonnen hat, etwas auf das Papier zu malen (eine Brücke zwischen der Hauptschlagader und den Venen). Jedenfalls fragt er eines Tages: »Und was wird mit dem verbrauchten Blut, wenn die Vene die Funktion der Arterie übernimmt?«

Da bekommt er von Edelman und von Elżbieta Chętkowska die Antwort, eine gewisse Frau Ratajczak-

Pakalska schreibe gerade ihre Dissertation über die Anatomie der Herzvenen, und ihre Untersuchungen ergäben, daß das Blut sich dann einen Abfluß über andere venöse Gefäße suche, über die Vieussenschen und Thebesiusschen Gefäße.

Edelman und Elżbieta machen einen Versuch an toten Herzen – sie spritzen Methylenblau in die Venen, um zu sehen, ob es abfließt.

Es fließt ab.

Aber der Professor sagt, das beweist gar nichts. Es war kein Druck in der Vene.

Sie spritzen dieses Blau also unter Druck – und wieder findet die Flüssigkeit einen Abfluß.

Was beweist das nun wieder? fragt der Professor. Es ist ja nur ein Modell. Wie aber verhält sich das lebende Herz?

Darauf kann ihm keiner eine Antwort geben, am lebenden Herzen sind solche Versuche nie gemacht worden. Um zu wissen, wie sich das lebende Herz verhält, muß man ganz einfach eine Operation am lebenden Herzen vornehmen.

An wessen lebendem Herzen soll der Professor diese Operation vornehmen?

Moment mal, wir haben Aga vergessen, Aga ist gerade in die Bibliothek gegangen.

Aga Żuchowska geht in die Bibliothek, sobald jemand eine neue Idee hat. Bevor Aga dorthin geht, sagt sie: »Aaach was.« Edelman zum Beispiel meint: »Wer weiß, ob man einen Bypass nicht im akuten Stadium legen kann.« Darauf macht Aga: »Aaach was«, geht in die Bibliothek, bringt das »American Heart Journal« und triumphiert: »Hier steht's. Es ist Blödsinn.« Dann machen sie einen Bypass im akuten Stadium, und alles klappt einwandfrei.

Aga findet, wenn man einige Male »Aaach was« gesagt habe und dann sehen müsse, wie der andere – allen Autoritäten zum Trotz – recht behalte, dann höre man am Ende von alleine auf, die Achseln zu zucken. Ja, man bemühe sich, zu vergessen, was die Autoritäten schreiben, und versuche jedesmal, sich umzustellen und alles mit neuen Augen zu betrachten.

Damals aber sagte Frau Dr. Żuchowska noch »Aaach was«, lief in die Bibliothek und brachte eine Meldung aus der »Encyclopedia of Thoracic Surgery«: Vor dreißig Jahren hatte der Amerikaner Claud Beck ähnliches versucht. Weil die Sterblichkeitsquote so groß war, unterließ er derartige Eingriffe...

Nun, an wessen lebendem Herzen also?

Jetzt ist eine Abschweifung unvermeidlich: über den Vorderwandinfarkt mit Rechtsschenkelblock. Das ist sehr wichtig, denn aus diesem Infarkt ist noch keiner herausgeholt worden.

Die Menschen sterben dabei auf eine besondere Weise: Ruhig und still liegen sie da, werden immer stiller und ruhiger, alles in ihnen stirbt ab, langsam, nach und nach. Beine – Leber – Nieren – Gehirn... Bis eines Tages auch das Herz stehenbleibt und der Mensch tot ist. Das geht so leise und unmerklich, daß es nicht einmal dem Bettnachbarn auffällt.

Wird ein Mensch mit einem solchen Infarkt eingeliefert, dann ist klar, daß dieser Mensch sterben muß.

Eines Tages also bringt man eine Frau mit einem solchen Infarkt. Edelman ruft in der Klinik an, beim Professor. »Diese Frau wird in einigen Tagen sterben, nur die

Umkehrung des Kreislaufs kann sie retten.« Aber die Frau sieht überhaupt nicht aus, als würde sie sterben.

Nach ein paar Tagen ist die Frau tot.

Einige Zeit darauf wird ein Mann eingeliefert. Mit dem gleichen Infarkt. Sie rufen den Professor an: »Wenn Sie den Mann nicht operieren ...«

Nach ein paar Tagen stirbt der Mann.

Dann wieder ein Mann, später ein junger Bursche, zwei Frauen ...

Der Professor kommt jedesmal. Er spricht nicht mehr davon, daß diese Menschen auch ohne Operation überleben können. Der Professor sieht schweigend zu. Oder er fragt Edelman: »Was wollen Sie eigentlich von mir? Wollen Sie, daß ich eine Operation mache, die noch nie gelungen ist?« Darauf Edelman: »Herr Professor, ich sage nur, daß wir nicht imstande sind, diesen Menschen zu heilen, und solch eine Operation kann niemand vornehmen außer Ihnen.«

So vergeht ein Jahr.

Es sterben zwölf oder dreizehn Menschen.

Nach dem vierzehnten sagt der Professor: »Gut. Wir versuchen es.«

Kehren wir in das Arbeitszimmer zurück.

Der Professor sitzt, wie wir wissen, allein da. Vor ihm auf dem Schreibtisch liegen die Koronarogramme Rzewuskis, und Rzewuski liegt im Operationssaal.

Draußen vor der Tür sitzt Dr. Edelman wie angewachsen auf einem Stuhl und raucht eine Zigarette nach der anderen.

Das ist in diesem Augenblick das Schlimmste. Daß Dr. Edelman dort draußen sitzt und sich auf keinen Fall von der Stelle rühren wird.

Warum das so wichtig ist?

Aus einem einfachen Grund.

Dieses Zimmer hat nur einen Ausgang, und der wird von Edelman blockiert.

Könnte aber der Professor nicht sagen: »Pardon, ich komm gleich wieder«, an Edelman vorbeihuschen und seiner Wege gehen?

Klar, daß er das könnte. Er hat es sogar schon mal gemacht. Vor Herrn Rudny. Aber dann ist er gegen Abend von allein wiedergekommen. Rudny wartete immer noch im Operationssaal, Edelman saß mit der Chętkowska und der Żuchowska immer noch in des Professors Wartezimmer.

Wo hätte er eigentlich auch hingehen sollen?

Nach Hause?

Dort hätten sie ihn gleich gefunden.

Zu einem der Kinder?

Spätestens morgen hätten sie ihn aufgestöbert.

Wegfahren, fort aus der Stadt? Vielleicht... Aber einmal mußte er dann ja auch wiederkommen – und dann würde er sie alle hier antreffen. Rzewuski, Edelman, die Żuchowska... Nein, Rzewuski vielleicht nicht mehr...

Rudny, zu dem er damals, gegen Abend, zurückgekehrt war – Rudny ist am Leben.

Und Frau Bubner, die mit dem Blutkreislauf, auch.

Stimmt ja, wir sprachen von diesem Blutkreislauf.

»Gut, wir versuchen es.« Da waren wir stehengeblieben, und der Professor geht an die Operation. Am Herzen der Frau Bubner – wir wollen die beiden Fälle nicht durcheinanderbringen. Es ist sogar logisch, daß der Professor sich jetzt an diese Operation erinnert; er will sich Mut machen.

(Damals hatten auch alle gesagt: »Das ist doch Unsinn, das Herz wird im Blut ersticken ...«)

Im Saal ist es still.

Der Professor klemmt die Hauptvene ab, um den Abfluß des Blutes zu unterbinden und zu sehen, was passiert ...

(Claud Beck hatte den Abfluß nicht unterbunden, was ein Versagen der rechten Herzhälfte und den Tod zur Folge hatte. Der Professor hat Claud Becks Methode also verbessert. Nein, mit diesem Wort ist er nicht einverstanden: Er hat die Methode nur *abgeändert*.)

Warten ...

Das Herz arbeitet normal. Jetzt schließt er die Hauptschlagader durch eine besondere Brücke an die Venen an, in die nun das arterielle Blut einströmt.

Wieder abwarten.

Das Herz krampft sich zusammen, einmal, zweimal. Noch mehrere rasche Krämpfe, dann arbeitet das Herz langsam und gleichmäßig. Die blauen Venen werden rot von dem arteriellen Blut und fangen an zu pulsieren. Das Blut fließt ab, niemand weiß genau, wie, es findet seinen Weg durch kleinere Gefäße.

Noch eine Viertelstunde Stille. Das Herz arbeitet ohne Störung ...

Der Professor schließt in Gedanken die Operation ab und vergegenwärtigt sich voller Freude, daß Frau Bubner am Leben ist.

Die gelungene Operation Rudnys erregte Aufsehen in der gesamten Presse. Über den umgekehrten Blutkreislauf von Frau Bubner berichtete er auf einem Kongreß für Herzchirurgie in Bad Nauheim. Alle erhoben sich von ihren Plätzen und klatschten ihm Beifall. Die Professoren Borst und Hoffmeister aus der BRD äußerten sogar die Meinung, diese Methode werde das Problem der Verkalkung der Herzkranzgefäße lösen, und Chirurgen aus Pittsburgh nahmen als erste in den USA nach seiner Methode Operationen vor. Geht es mit Rzewuski nun aber schief – wird dann einer sagen: »Aber Herr Rudny und Frau Bubner sind am Leben«?

Nein, das wird keiner sagen.

Es wird heißen: »Er hat während des Infarkts operiert, Rzewuski ist also durch ihn gestorben.«

An dieser Stelle könnte der Eindruck entstehen, als sitze der Professor nun aber entschieden zu lange in diesem Arbeitszimmer, und es wäre ratsam, unserer Erzählung ein wenig auf die Sprünge zu helfen.

Der Fluchtversuch, der die Attraktivität der ganzen Geschichte ohne Zweifel sehr gehoben hätte, ist mißlungen. Was bleibt noch?

Ach, richtig. Der Herrgott.

Es ist nicht der, mit dem Herr Bubner, der fromme Jude, den erfolgreichen Verlauf der Operation seiner Frau ausgehandelt hat.

Es ist der Herrgott, zu dem jeden Sonntag um elf, umgeben von Gattin, drei Kindern, Schwiegersöhnen, Schwiegertochter und Enkelschar, der Herr Professor betet.

Beten könnte er jetzt, hier in diesem Arbeitszimmer, allerdings auch – aber worum?

Nun, worum eigentlich?

Daß Rzewuski es sich im letzten Moment, schon auf dem Operationstisch, anders überlegt und sein Einverständnis zurücknimmt? Oder daß seine Frau, die draußen auf dem Korridor weint, plötzlich ihre Zusage verweigert?

Ja. Darum zu beten, hätte der Professor jetzt Lust.

Nur – Moment mal: Mit der Weigerung, sich operieren zu lassen, unterschriebe der Mann (der Professor weiß das sehr wohl) das eigene Todesurteil. Der Professor soll also um den sicheren Tod eines anderen beten?

Solche Operationen hat vor ihm keiner gemacht, das stimmt, oder sie sind anders gemacht worden. Aber es hat auch keiner Herzen verpflanzt, bevor Barnard kam. Einer muß es schließlich wagen, wenn die Medizin überhaupt vorankommen soll. (Der Professor greift, wie man sieht, nach einer gesellschaftlichen Motivation.) Und wann darf man es wagen? Wenn man sich ganz sicher ist, daß die Operation einen Sinn hat. Der Professor ist sich ganz sicher. Er hat den Eingriff ins kleinste Detail vorausbedacht; sein Wissen, seine Erfahrung und seine Intuition – alles überzeugt ihn von der Logik und der Notwendigkeit dessen, was er zu tun beabsichtigt. Außerdem – hier ist nichts zu verlieren. Er weiß, daß der Mann ohnehin stirbt, auch ohne Operation. (Wird Rzewuski ohne diese Operation ganz gewiß sterben?)

Er ruft die Internisten.

»Stirbt Rzewuski, wenn ich ihn nicht operiere?« fragt er zum hundertsten Mal.

»Es ist der zweite Infarkt, Herr Professor. Der zweite, ausgedehnte Infarkt.«

»Dann wird er auch die Operation nicht durchhalten ... Warum sollen wir ihn noch zusätzlich quälen?«

»Herr Professor. Er ist nicht aus Warschau hierhergebracht worden, damit er stirbt, sondern damit wir ihn retten.«

Das hat Dr. Edelman gesagt. Ach ja, Dr. Edelman hat gut reden. Ihm wird ja keiner etwas vorwerfen, im Falle eines Falles.

Edelman ist felsenfest von der Berechtigung dessen überzeugt, was er gesagt hat. Der Professor auch, aber er – und nur er allein – muß diese Berechtigung auch mit seinen Händen prüfen.

»Weshalb warst du so überzeugt, daß die Operationen gemacht werden mußten?« frage ich.

»Ich war es eben. Ich sah ja, daß sie einen Sinn hatten und gelingen mußten.«

»Hör mal zu«, sage ich. »Entschließt du dich nicht deswegen so leicht zu solchen Sachen, weil du mit dem Tod vertraut bist? Du bist damit doch viel mehr vertraut als zum Beispiel der Professor.«

»Nein«, sagt er. »Ich hoffe nicht, daß es deswegen ist. Nur – wenn du den Tod gut kennst, hast du eine größere Verantwortung für das Leben. Jede, auch die geringste Chance des Lebens wird dann sehr wichtig.«

(Die Chance des Todes bestand hier jedesmal. Es ging darum, dem Leben eine Chance zu erhalten.)

Achtung! Der Professor läßt eine neue Gestalt auftreten.

»Laßt doch mal Frau Dozent Wróblówna kommen«, sagt er.

Alles klar.

Frau Dozent Wróblówna ist eine ältere, schüchterne, vorsichtige Dame, die Kardiologin aus der Klinik des Professors. Sie wird ihm schon nicht zuraten. Nichts Unangemessenes, keinerlei Risiko. Der Professor wird fragen: »Nun, Zofia? Was raten Sie mir?« Und Zofia wird antworten: »Am besten, abwarten, Herr Professor, wir wissen ja nicht, wie so ein Herz reagiert ...« Da wird der Professor sich zu Edelman herumdrehen: »Na sehen Sie, Herr Doktor. Meine Kardiologen erlauben es nicht!«

(Das Wort »meine« wird er betonen, denn Frau Dozent Wróblówna ist aus seiner Klinik, Dr. Edelman aber aus dem städtischen Krankenhaus. Vielleicht scheint es mir auch nur so. Vielleicht sagt er es auch ganz normal, ohne Betonung. Dann bedeutet das Wort »meine« nur so viel, daß der Professor, der Chef der Klinik, auf seine Ärzte hören muß.)

Frau Dozent Wróblówna tritt also ein. Sie ist schüchtern, wird rot, schlägt die Augen nieder. Und sagt leise: »Es muß operiert werden, Herr Professor.«

Nein! Nein. Das ist ja wohl der Gipfel.

»Wróblówna!« ruft der Professor. »Auch du gegen mich?«

Er tut, als sage er es im Scherz, aber er spürt, wie ein sonderbares Gefühl von ihm Besitz ergreift, das ihn an diesem Tage nicht mehr loslassen wird.

Er steht auf von seinem Schreibtisch, rafft die Koronarogramme zusammen und geht zu dem Trakt, wo sie warten: der narkotisierte Rzewuski, die Chirurgen in ihren blauen Masken, die Instrumentenschwestern. Er wird den Eindruck haben, ganz allein zu sein unter all diesen Menschen.

Allein mit einem Herzen, das sich in seinem Beutel bewegt wie ein kleines, scheues Tier.

Einem Herzen, das sich immer noch bewegt.

All das bisher Geschriebene habe ich den Leuten gezeigt – keiner kann es begreifen. Warum habe ich nicht erzählt, wie er davongekommen ist? Man weiß noch nicht, wie er sich gerettet hat, und da sitzt er bei dem Professor vor der Tür. Aber er muß auch dort sitzen. Sonst wäre der Professor längst zu Hause, mitten in den Fernsehnachrichten, entspannt und gelassen.

Er muß vor dieser Tür sitzen, zusammen mit Aga und Elżbieta Chętkowska. Elżbieta allerdings ist nicht mehr dabei. Wenn sie dort sitzen und warten, dann schon, aber nicht, wenn ich über dieses Warten schreibe. Geblieben ist der Dr.-Elżbieta-Chętkowska-Preis. Er wird für bedeutende Verdienste auf dem Gebiet der Kardiologie verliehen.

Dieser Preis wurde vom Honorar für das Buch »Herzinfarkt« gestiftet. An jener anderen Arbeit über die Unterernährung hatte er nicht teilnehmen können, im Ghetto-Spital war er ja nur Bote gewesen, in dieser aber hat er nun alles beschrieben, was er von herzkranken Menschen wußte. Teodozja Goliborska erzählte mir, sie hätten im Spital schon etwas von seinen sonstigen Aktivitäten, nach denen ihn niemand fragen durfte, geahnt und ihm deshalb nicht viel abverlangt. Er brauchte nur täglich die Blutproben der Typhuskranken zur Seuchenstelle zu bringen, danach konnte er seinen Posten am Tor zum Umschlagplatz beziehen. Sechs Wochen stand er dort jeden Tag. Bis die vierhunderttausend Menschen auf ihrem Weg zu den Waggons an ihm vorüber waren.

In dem Film »Requiem für 500 000« sieht man sie. Sogar die Brotlaibe in ihren Händen. Der deutsche Kameramann stand in einer Waggontür und filmte den Zug, strauchelnde alte Frauen, Mütter, die ihre Kinder an der Hand hielten. Mit diesem Brot laufen sie auf uns zu, auf uns und die schwedischen Journalisten, die Material über das Ghetto sammeln, auf Inger, die schwedische Journalistin, die mit erstaunten blauen Augen auf die Leinwand starrt und zu begreifen sucht, warum so viele Menschen in die Viehwagen laufen – und da fallen Schüsse. Was für eine Erleichterung, als die Schüsse fielen, als Erdfontänen aufstoben, die laufenden Menschen und ihr Brot verhüllten, als der Sprecher den Ausbruch des Aufstands verkündete, was man Inger schon ganz sachlich erklären konnte (*rising's broken out, April forty-three*)...

Ich erzähle ihm das und sage, es sei tatsächlich ein guter Einfall gewesen, das mit diesen Schüssen – gut, daß die Einschläge die Menschen verdeckt hätten. Und da schreit er mich an. Die da in die Güterwagen steigen, seien wohl schlechter als die Schießenden? Das glaube ich doch wohl, natürlich, das glauben ja alle, sogar der amerikanische Professor, der neulich zu Besuch war und gesagt hat: »Wie die Schafe seid ihr in den Tod gegangen.« Der amerikanische Professor ist einmal an der französischen Küste gelandet, unter mörderischem Beschuß vier- oder fünfhundert Meter über den Strand gerannt, ohne sich zu bücken und ohne hinzufallen, ist verwundet worden, und nun meint er, jemand, der über solch einen Strand gerannt ist, könnte später sagen: »Vorwärts stürmen muß der Mensch, schießen muß er.« Oder: »Wie Schafe seid ihr in den Tod gegangen.« Und des Professors Gattin setzte hinzu, gerade für die künftigen Generationen seien diese Schüsse wichtig, was bedeute der Tod von Menschen, die schweigend sterben, da bleibe doch nichts zurück. Die Schießenden jedoch hinterlassen eine Legende – ihr und ihren amerikanischen Kindern.

Edelman verstand sehr wohl, daß der Professor neben seinen Narben, seinen Orden und seinem Lehrstuhl auch die Schüsse ungern in seinem Lebenslauf missen möchte, doch hat er ihm trotzdem verschiedenes klarzumachen versucht: daß der Tod in der Gaskammer nicht geringer zu achten ist als der Tod im Kampf und daß ein Tod nur dann unwürdig ist, wenn jemand versucht, auf Kosten anderer das eigene Leben zu retten. Doch ist er mit seinen Erklärungen nicht weit gekommen, sondern gleich wieder ins Schreien geraten, und eine Frau, die mit dabeisaß, suchte ihn zu entschuldigen. »Nehmt es ihm nicht übel«, sagte sie verlegen, »ihm dürft ihr es nicht übelnehmen ...«

». . .«

»Kind«, sagt er, »du mußt das endlich begreifen, diese Menschen waren still und gefaßt, und sie sind anständig gestorben. Es ist schrecklich, wenn jemand so gefaßt in den Tod geht. Das ist viel schwerer als alle Schießerei, schießend stirbt es sich viel leichter. Um wieviel leichter erschien das Sterben uns als dem Menschen, der in den Viehwagen steigen, diese Fahrt mitmachen, sein Grab schaufeln, sich splitternackt ausziehen mußte... Begreifst du das jetzt?«

»Ja«, sage ich, »ja«. Denn um wieviel leichter fällt es uns, sie schießend sterben zu sehen, als einen Menschen zu betrachten, der sein eigenes Grab schaufelt.

»Einmal sah ich auf der Zelazna einen Menschenauflauf. Alles drängte sich um ein Faß, ein normales hölzernes Faß. Darauf stand ein Jude, ein alter, kleiner Jude mit einem langen Bart.

Bei ihm waren zwei deutsche Offiziere. (Zwei schöne, stattliche Männer neben dem kleinen krummen Juden.) Und diese Deutschen schnitten ihm mit Schneiderscheren den Bart ab, Stück für Stück. Sie schütteten sich dabei aus vor Lachen.

Die Menge ringsum lachte auch. Objektiv gesehen war es ja auch komisch: das winzige Männchen auf dem Faß, der Bart, der unter den Schneiderscheren fiel. Ein Filmgag.

Es gab noch kein Ghetto, es graute einen noch nicht bei dieser Szene. Dem Juden passierte ja nichts Schreckliches: nur daß man ihn ungestraft auf dieses Faß stellen durfte, daß die Leute zu verstehen begannen, daß es ungestraft blieb und daß es Gelächter weckte.

Weißt du was?

Damals begriff ich das Allerwichtigste: Man darf sich nicht auf solch ein Faß zwingen lassen. Niemals. Von niemandem. Verstehst du?

Alles, was ich später getan habe, habe ich nur getan, um das zu verhindern.«

»Es war zu Anfang des Krieges, du hättest noch fortgekonnt. Deine Kameraden sind damals über die grüne Grenze geflohen, dorthin, wo es keine Fässer gab ...«

»Das waren andere Menschen. Prächtige Söhne aus kultivierten Familien. Sie hatten phantastische Zeugnisse, bei ihnen zu Hause gab es Telefone und wunderbare Bilder an den Wänden, nur Originale, von Reproduktionen keine Spur. Ich galt nichts bei ihnen. Ich gehörte nicht zur Gesellschaft. Meine Noten waren schlechter, ich sang weniger schön, konnte nicht radfahren, war ohne Zuhause, denn meine Mutter hatte ich verloren, als ich vierzehn war. (*Colitis ulcerosa*, Darmvereiterung. Mein allererster Patient hat später genau das gleiche gehabt. Aber da gab es schon Encorton und Penicillin, nach ein paar Wochen war er gesund.)

Wovon sprachen wir?«

»Daß deine Kameraden ins Ausland gingen.«

3.7.92

»Siehst du, vor dem Krieg habe ich zu den Juden gesagt: Euer Platz ist hier, in Polen. Hier wird der Sozialismus sein, und hier sollt ihr bleiben. Als sie dann blieben und der Krieg begann, als all das begann, was in diesem Krieg mit den Juden geschah – da sollte ich mich davonmachen?

Nach dem Krieg zeigte sich, daß diese Kameraden Direktoren japanischer Konzerne waren oder Physiker in amerikanischen Atomenergiebehörden oder Universitätsprofessoren. Ich habe dir ja gesagt, es waren begabte Leute.«

»Aber da warst du ja auch schon wer. Ein Held. Sie hätten dich in ihren illustren Kreis aufnehmen können.«

»Ich bekam auch Angebote von ihnen. Aber ich habe vierhunderttausend Menschen auf dem Umschlagplatz das Geleit gegeben. Ich ganz persönlich. Alle sind an mir vorbeigezogen, während ich dort am Tor stand...

Hör mal – laß endlich diese sinnlosen Fragen. ›Warum bist du dageblieben, warum bist du nicht fortgegangen?‹«

»Aber danach frage ich doch überhaupt nicht.«

»...«

»Nun?«

»Was ›nun‹?«

»Erzähl von den Blumen. Erzähle, wovon du willst. Oder doch vielleicht von den Blumen. Daß du sie an jedem Jahrestag des Aufstands bekommst, du weißt nicht, von wem. Zweiunddreißig Sträuße bisher.«

»Einunddreißig. Im Jahre 68 blieben sie aus.* Es tat

* Im Frühjahr 1968 war es – im Zusammenhang mit Machtkämpfen innerhalb der kommunistischen Partei – zu einer antisemitischen Hetzkampagne gekommen, in deren Verlauf Tausende von Juden ihre Arbeitsplätze verloren und das Land verlassen mußten.

mir leid, aber schon ein Jahr darauf bekam ich sie wieder, bis auf den heutigen Tag. Einmal waren es Butterblumen, letztes Jahr Rosen, diesmal Osterglocken – es sind nämlich immer gelbe Blumen. Der Bote einer Blumenhandlung gibt sie ab, nie ist ein Zettel dabei.«

»Ich weiß nicht, ob wir das erwähnen sollen. Anonyme gelbe Blumen … Schmierenliteratur. An dir haften überhaupt solche kitschigen Storys. Diese Prostituierten zum Beispiel, von denen du jeden Tag ein Weißbrot bekamst. Ist es überhaupt statthaft, zu schreiben, daß es im Ghetto Prostituierte gab?«

»Ich weiß nicht. Sicher nicht. Im Ghetto darf es nur Märtyrerinnen geben, jede eine Jeanne d'Arc, nicht wahr? Aber wenn es dich interessiert, im Bunker auf der Miła waren zusammen mit der Gruppe von Anielewicz auch ein paar Prostituierte. Sogar ein Zuhälter. Ein Riesenkerl, der sie regierte, muskulös und tätowiert. Es waren gute, sparsame Mädchen. Wir kamen in ihren Bunker, als unser Gelände zu brennen anfing. Alle waren sie dort – Anielewicz, Celina, Lutek, Jurek Wilner. Wir waren so froh, noch beisammen zu sein … Die Mädchen gaben uns zu essen, und Guta hatte Zigaretten der Marke ›Juno‹. Es war einer der besten Tage im Ghetto.

Als wir dann wiederkamen und alles das mit ihnen passiert war, als sie alle nicht mehr da waren – weder Anielewicz noch Lutek oder Jurek Wilner –, da fanden wir diese Mädchen im Keller nebenan.

Einen Tag darauf gingen wir in die Kanäle.

Alle waren schon drin, ich war der letzte, und eines der Mädchen fragte, ob sie nicht mit uns auf die arische Seite gehen dürften. Und ich sagte: Nein.

Na, siehst du.

Um eins bitte ich: Verlange heute nicht von mir die Erklärung, warum ich damals nein gesagt habe.«

»Hattest du vorher, als du im Ghetto warst, Gelegenheit, auf die arische Seite zu gehen?«

»Ich bin jeden Tag hingegangen, ganz legal. Als Bote des Spitals habe ich Blutproben der Typhuskranken zur Seuchenstation in der Nowogrodzka gebracht.

Ich hatte einen Passierschein. Davon gab es im Ghetto damals nur einige: im Spital von Czyste, in der Gemeinde, in unserem Spital. Dort war ich der einzige, der einen hatte. Die anderen, die von der Gemeinde, waren Persönlichkeiten, sie suchten irgendwelche Ämter auf und fuhren in der Droschke. Ich aber ging mit meiner Armbinde die Straßen entlang, mitten unter den Leuten, und alle schauten auf mich und meine Armbinde. Neugierig, mitleidig, manchmal auch hämisch...

Jeden Tag um acht Uhr ging ich dorthin, all diese Jahre lang, und letzten Endes ist mir nichts geschehen. Niemand nahm mich fest, keiner rief die Polizei, nicht einmal gelacht hat jemand. Die Leute haben nur geschaut. Sie haben mich nur angeschaut...«

»Ich habe dich gefragt, warum du nicht auf der arischen Seite geblieben bist.«

»Das weiß ich nicht. Heute weiß man so was nicht mehr.«

»Vor dem Krieg bist du nichts gewesen. Wie kam es also, daß du drei Jahre später zum Stab der ŻOB gehörtest? Fünf von dreihunderttausend, und du einer davon...«

»Ich sollte es gar nicht werden, sondern... Lassen wir's, nennen wir ihn ›Adam‹. Vor dem Krieg hatte er die Fähnrichschule absolviert, dann am Septemberfeldzug, an der Verteidigung von Modlin teilgenommen. Alle kannten seinen Mut. Jahrelang habe ich ihn geradezu vergöttert.

Eines Tages gingen wir miteinander die Leszno entlang, auf der Straße waren viele Menschen, und auf einmal fingen irgendwelche SS-Leute an herumzuballern.

Die Menschen ergriffen die Flucht. Und er auch.

Weißt du, vorher war mir gar nicht in den Sinn gekommen, daß er Angst haben könnte. Aber er, mein Idol, riß aus.

Er war es nämlich gewohnt, selbst eine Waffe zu haben: auf der Fähnrichschule, während des Septembers erst in Warschau, dann in Modlin. Die anderen waren bewaffnet und er auch. Deshalb war er tapfer. Als aber die anderen schossen und er nicht zurückschießen konnte, da war er ein anderer Mensch.

Das Ganze vollzog sich eigentlich ganz ohne Worte, von einem Tag auf den anderen – er fiel einfach aus. Und als der Stab sich zum erstenmal treffen sollte, war er nicht mehr der geeignete Mann. So bin ich dorthin gekommen.

Er hatte ein Mädchen, Ania. Sie wurde abgeholt und ins Pawiak-Gefängnis geschleppt. Später ist sie übrigens wieder rausgekommen, aber als sie weg war, lief bei ihm gar nichts mehr. Er kam zu uns, stützte sich auf den Tisch und fing an zu reden, wir seien sowieso verloren, sie würden uns abmurksen, wir seien jung und sollten zu den Partisanen in die Wälder gehen ...

Keiner hat ihn unterbrochen.

Als er raus war, sagte jemand: Das ist ihretwegen. Er hat jetzt nichts, wofür es sich lohnt zu leben. Jetzt wird er kaputtgehen. Jeder mußte damals jemanden haben, um den sich sein Leben drehte, für den er etwas tun konnte. Nichtstun war der sichere Tod. Tätigkeit war die einzige Chance des Überlebens. Man mußte etwas zu tun haben, irgendwohin gehen können.

Diese ganze Geschäftigkeit hatte überhaupt keinen Sinn, weil sowieso alle umkamen, aber man wartete wenigstens nicht tatenlos, bis man dran war.

Ich trieb mich am Umschlagplatz herum – mit Hilfe unserer Leute von der Polizei hatte ich herauszufischen, wer uns am meisten vonnöten war. Einmal holte ich einen Jungen und ein Mädchen heraus – er war Drucker, sie eine sehr gute Melderin. Beide sind kurz darauf umgekommen – er beim Aufstand, sie auf dem Umschlagplatz. Aber er hat vorher noch eine Zeitung gedruckt, und sie hat die Exemplare dorthin gebracht, wo es nötig war.

Du wirst fragen wollen, was für einen Sinn das hatte.

Keinen. Aber man stand nicht auf dem Faß. Das war alles.

Neben dem Umschlagplatz gab es ein Ambulatorium. Dort arbeiteten die Schülerinnen der Schwesternschule, der einzigen Schule übrigens im Ghetto. Sie wurde von Luba Blum geleitet, die dafür sorgte, daß alles so war wie in einer richtigen ordentlichen Schule: schneeweiße Kittel, gestärkte Häubchen, musterhafte Disziplin. Um jemanden vom Umschlagplatz zu holen, mußte man den Deutschen beweisen, daß er wirklich krank war, Kranke wurden mit Ambulanzwagen nach Hause geschickt: Die Deutschen hielten bis zuletzt in den Menschen die Überzeugung aufrecht, daß sie in diesen Güterwagen zur Arbeit gebracht würden, und arbeiten kann ja nur ein Gesunder. Diese Mädchen vom Ambulatorium also, diese Krankenschwestern, brachen den Leuten, die gerettet werden mußten, die Beine. Sie legten das Bein des Patienten auf einen Holzklotz, mit einem anderen schlugen sie zu, all das in den blitzsauberen Kitteln musterhafter Schwesternschülerinnen.

Im Schulgebäude warteten die Menschen auf die Verladung. Nacheinander, etagenweise, wurden sie herausgeholt. Vom Parterre flohen sie in den ersten, von dort in den zweiten Stock, aber es gab nur drei Stockwerke, und so war es dort oben mit ihrer Aktivität und Energie zu Ende, denn höher kam man nicht. Im dritten Stock war ein Turnsaal. Dort lagen mehrere hundert Leute auf dem Boden. Niemand erhob sich, niemand ging auf und ab, keiner rührte sich. Alle lagen nur da, schweigend und apathisch.

In dem Saal gab es eine Nische. In dieser Nische wurde ein Mädchen von mehreren Wlassow-Leuten – sechs oder acht Mann – vergewaltigt. Sie stellten sich hintereinander an und vergewaltigten sie, und als die Schlange zu Ende war, kam das Mädchen aus der Nische, ging durch den ganzen Saal, über die Liegenden stolpernd, weiß, nackt, blutverschmiert, und setzte sich in eine Ecke. Die Menge hatte alles mit angesehen und kein Wort gesprochen. Niemand hatte sich auch nur gerührt, und das Schweigen dauerte fort.«

»Hast du das gesehen, oder hat es dir jemand erzählt?«

»Ich habe es gesehen. Ich stand am Ende des Saales und konnte alles sehen.«

»Du standest am Ende des Saales?«

»Ja. Einmal habe ich Elżbieta davon erzählt. Sie fragte: ›Und du? Was hast du da gemacht?‹ – ›Nichts‹, habe ich geantwortet, ›und außerdem sehe ich, daß es gar keinen Zweck hat, mit dir darüber zu reden. Du begreifst überhaupt nichts.‹«

»Ich weiß nicht, warum du dich so ereifert hast. Elżbieta hat reagiert, wie jeder normale Mensch reagieren würde.«

»Ich weiß. Ich weiß auch, was ein normaler Mensch in solch einer Lage zu tun hat. Wenn eine Frau vergewaltigt wird, kommt ihr ein normaler Mensch zu Hilfe, nicht wahr?«

»Wenn du allein hingegangen wärst, hätten sie dich umgebracht. Aber hätten sich alle diese Leute vom Fußboden erhoben, so wären die Ukrainer mit Leichtigkeit überwältigt worden.«

»Keiner hat sich erhoben. Es war überhaupt keiner mehr fähig dazu. Diese Leute waren nur noch fähig, auf die Waggons zu warten. Aber warum reden wir eigentlich darüber?«

»Ich weiß nicht. Vorher sprachen wir davon, daß man sich betätigen mußte.«

»Ja, ich also betätigte mich auf dem Umschlagplatz. Dieses Mädchen ist am Leben, weißt du das? Ehrenwort. Sie hat einen Mann und zwei Kinder und ist sehr glücklich.«

»Du hast dich also auf dem Umschlagplatz betätigt...«

»Und eines Tages habe ich Pola Lifszyc herausgeholt. Einen Tag später kam sie nach Hause und sah, daß ihre Mutter fort war. Die Mutter wurde in der Kolonne zum Umschlagplatz getrieben, und Pola rannte hinterher, von der Leszno- bis zur Stawki-Straße, um diese Kolonne einzuholen. Ihr Verlobter fuhr sie noch ein Stück mit der Fahrradrikscha, damit sie es schaffte. Und sie schaffte es. Im letzten Moment mischte sie sich unter die Menge, um mit ihrer Mutter in den Waggon zu steigen.

Korczak, nicht wahr, den kennen alle. Korczak war ein Held, denn er ging mit den Kindern freiwillig in den Tod.

Und Pola Lifszyc, die mit ihrer Mutter ging? Wer weiß etwas von Pola Lifszyc?

Dabei hätte sie ohne weiteres auf die arische Seite gehen können. Pola war jung und schön. Sie sah gar nicht aus wie eine Jüdin und hatte hundertmal soviel Chancen.«

»Du hast etwas von diesen Lebensnummern gesagt. Wer hat sie ausgegeben?«

»Es waren vierzigtausend Nummern, weiße Kärtchen mit einem Stempel. Die Deutschen gaben sie dem Judenrat und sagten: ›Verteilt sie selber. Wer eine Nummer hat, bleibt im Ghetto. Alle anderen gehen auf den Umschlagplatz.‹

Das war zwei Tage vor dem Ende der Liquidierungsaktion, im September. Die Chefärztin unseres Spitals, Frau Dr. Heller, bekam ein reichliches Dutzend solcher Nummern und sagte: ›Ich verteile sie nicht.‹

Jeder der Ärzte hätte es tun können, aber alle waren der Meinung, sie werde sie denen geben, denen sie am ehesten zustanden.

Hör dir das an: ›Denen sie zustanden.‹ Gibt es ein Maß, nach dem sich messen läßt, wer das Recht hat zu leben? Solch ein Maß gibt es nicht. Aber zu Frau Dr. Heller kamen Abordnungen mit der Bitte, es zu tun. Also begann sie, die Nummern zu verteilen.

Eine bekam Frania. Aber Frania hatte noch eine Schwester und eine Mutter. Dort bei der Zamenhof-Straße wurden alle aufgestellt, die Nummern hatten. Und ringsherum ballte sich die Menge der Menschen, die keine Nummern hatten. Und Franias Mutter stand in dieser Menge. Und diese Mutter wollte nicht weg von ihr, aber Frania mußte antreten, und deshalb sagte sie: ›Nun geh schon, Mama...‹ und schob sie mit der Hand weg: ›Nun geh schon...‹

Frania? Ja. Sie hat es überlebt.

Danach hat sie eine Menge Leute gerettet, einen Burschen aus dem Warschauer Aufstand herausgeschleppt, überhaupt, sie hat sich phantastisch gehalten.

Auch die Oberschwester bekam eine Nummer. Frau Tenenbaum. Sie war mit Berenson befreundet gewesen, dem berühmten Rechtsanwalt, der Anfang der dreißiger Jahre die Häftlinge von Brest verteidigt hat. Ihrer Tochter hatte die Chefärztin keine Nummer gegeben. Frau Tenenbaum gab ihrer Tochter die eigene Nummer, sagte: ›Halt mal, ich komme gleich wieder‹, ging hinauf und schluckte ein Röhrchen Luminal.

Wir fanden sie am nächsten Tag. Sie lebte noch.

Was meinst du, wäre es unsere Pflicht gewesen, sie zu retten?«

»Was ist aus ihrer Tochter geworden, die dann diese Nummer hatte?«

»Sag mir erst, ob es unsere Pflicht gewesen wäre, sie zu retten!«

»Weißt du, Teodozja Goliborska sagte mir, ihre Mutter hätte auch Gift genommen. ›Und mein Schwager, dieser Trottel‹, meinte sie, ›hat sie gerettet. Können Sie sich so einen Trottel vorstellen? Jemanden zu retten, damit man ihn einige Tage später auf den Umschlagplatz schleift..?‹«

»Als die Liquidierung begann und bei uns im Spital die Leute aus dem Parterre geholt wurden, brachte oben eine

Frau ein Kind zur Welt. Ein Arzt war dabei und eine Schwester. Als das Kind geboren war, reichte der Arzt es der Schwester. Sie legte es auf ein Kissen und deckte ein zweites Kissen darüber. Das Kind wimmerte und verstummte.

Die Schwester war neunzehn. Der Arzt hatte kein Wort gesagt – und sie hatte gewußt, was zu tun war.

Bloß gut, daß du heute nicht danach fragst, ob die Schwester noch lebt. So wie bei der Ärztin, die den Kindern Zyankali gegeben hat.

Die Schwester lebt. Sie ist eine sehr gute Kinderärztin.«

»Was ist nun also aus der Tochter der Frau Tenenbaum geworden?«

»Nichts. Sie ist umgekommen. Aber vorher hat sie noch einige schöne Monate gehabt. Sie verliebte sich in einen jungen Mann, mit ihm war sie immer heiter und fröhlich. Sie hatte wirklich ein paar schöne Monate.

Dieser Franzose vom ›L'Express‹ hat mich auch gefragt, ob man sich im Ghetto geliebt hat. Nun ...«

»Entschuldige. Hast du auch eine Nummer bekommen?«

»Ja. Ich stand in der fünfzehnten Fünferreihe, in der Kolonne, wo schon Frania und die Tochter der Frau Tenenbaum standen, und da sah ich meine Freundin mit ihrem Bruder. Ich zerrte sie beide schnell in die Kolonne, aber andere hatten das auch gemacht, und so waren es nicht vierzig-, sondern vierundvierzigtausend Leute.

Die Deutschen zählten also durch, teilten die letzten viertausend ab und schickten sie auf den Umschlagplatz. Ich aber war unter den ersten vierzigtausend.«

»Dieser Franzose, von dem du gesprochen hast, hat dich also gefragt ...«

»... ob man sich auch liebte. Weißt du, mit jemandem zusammen zu sein war im Ghetto die einzige Möglichkeit zu leben. Ein Mensch hat sich mit einem anderen Menschen verkrochen – in einem Bett, in einem Keller, irgendwo, und so war er nicht allein bis zur nächsten Aktion.

Dem einen hatten sie die Mutter geholt, dem anderen den Vater erschossen und die Schwester verschleppt. War einer also wie durch ein Wunder davongekommen und noch am Leben, so mußte er sich an einen anderen klammern, an einen lebendigen Menschen.

Sie klammerten sich aneinander wie nie zuvor, wie es im normalen Leben undenkbar ist. Während der letzten Liquidierungsaktion liefen sie in die Gemeinde, suchten einen Rabbiner oder irgendeinen, der sie vermählte, um dann als Ehepaar auf den Umschlagplatz zu gehen.

Teodozjas Nichte ging mit ihrem Burschen auf die Pawia, wo in der Hausnummer 1 ein Rabbiner wohnte, der sie vermählte. Gleich darauf wurden sie von Ukrainern geschnappt. Einer hielt ihr den Lauf vor den Leib. Er, ihr Mann, schlug den Lauf beiseite und beschirmte ihren Bauch mit der Hand. Sie ist übrigens auch auf den Umschlagplatz gegangen, er aber entkam mit der abgerissenen Hand auf die arische Seite und fiel dann im Warschauer Aufstand.

Darum eben ging es: daß einer da war, der deinen Leib notfalls mit der eigenen Hand beschirmte.«

»Als diese ganze Aktion begann, der Umschlagplatz und das alles, habt ihr – du und deine Kameraden – da gleich begriffen, was das bedeutet?«

»Ja. Am 22. Juli 1942 wurden Plakate angeschlagen, die Verordnung über eine ›Umsiedlung der Bevölkerung nach dem Osten‹. In derselben Nacht überklebten wir sie mit Zetteln: ›Die Umsiedlung ist der Tod.‹

Am nächsten Tag wurden Häftlinge und Greise auf den Umschlagplatz gebracht. Es dauerte den ganzen Tag, immerhin waren sechstausend Häftlinge zu transportieren, die Menschen standen an den Bürgersteigen und guckten. Und weißt du, es war völlig still. Weißt du, in welcher Stille das alles vor sich ging...

Dann gab es weder Häftlinge noch Greise oder Bettler mehr, aber zehntausend Menschen mußten täglich auf den Umschlagplatz geliefert werden. Das sollte die jüdische Polizei unter deutscher Aufsicht besorgen, und die Deutschen hatten gesagt: Alles bleibt ruhig, es wird nicht geschossen, wenn ihr jeden Tag bis vier Uhr Leute liefert. (Um vier Uhr mußte der Transport abgehen.) Also wurde den Menschen gesagt: ›Wir müssen zehntausend liefern, um die übrigen zu retten.‹ Und die Polizei selbst fing die Leute – erst von der Straße, dann umstellte sie ein Haus, dann räumte sie die Wohnungen...

Einige Polizisten wurden von uns verurteilt. Kommandant Szeryński, Lejkin und etliche andere.

Am zweiten Tag der Aktion, am 23. Juli, versammelten sich die Vertreter aller politischen Parteien, und zum erstenmal sprach man vom bewaffneten Kampf. Alle waren dazu entschlossen und überlegten, wie man in den Besitz von Waffen gelangen könnte. Nach einigen Stunden jedoch, um zwei oder drei Uhr nachmittags, kam jemand mit der Nachricht, die Aktion sei abgebrochen worden, es gebe keine Deportationen mehr. Nicht alle glaubten daran, aber die Atmosphäre enspannte sich sofort, und es wurden keine Beschlüsse gefaßt.

Die Mehrheit glaubte immer noch nicht, daß es der

Tod war. ›Das kann doch nicht sein‹, sagten sie, ›daß sie ein ganzes Volk ausrotten.‹ Und das beruhigte sie. Man mußte diese Menschen auf den Platz liefern, um die übrigen zu retten...

Abends, am ersten Tag der Aktion, nahm sich Czerniaków, der Vorsitzende des Judenrates, das Leben. Es war der einzige Regentag. Sonst schien während der ganzen Aktion die Sonne. An dem Abend, als Czerniaków starb, ging die Sonne rot unter, und wir dachten, es würde Regen geben am nächsten Tag. Aber es schien wieder die Sonne.«

»Wozu habt ihr den Regen gebraucht?«

»Zu gar nichts. Ich erzähle dir nur, wie es gewesen ist.

Czerniaków übrigens haben wir eines übelgenommen: Er hätte nicht...«

Ich weiß. Davon haben wir schon gesprochen.«

»So? – Und weißt du, nach dem Krieg hat mir jemand erzählt, daß diesem Lejkin, dem Polizisten, den wir im Ghetto erschossen haben, damals nach siebzehnjähriger Ehe gerade das erste Kind geboren worden war, und er hatte geglaubt, es durch seinen Diensteifer retten zu können.«

»Willst du sonst noch etwas über die Aktion sagen?«

»Nein. Die Aktion war vorüber.

Und ich am Leben.«

Es hatte sich so gefügt, daß Herr Rudny, Frau Bubner und Herr Wilczkowski, der Bergsteiger, ihren Infarkt freitags beziehungsweise in einer Nacht von Freitag auf Sonnabend erlitten. Der Sonnabend war also für jeden von ihnen der Tag, an dem sie nichts mehr zu tun hatten. Am Sonnabend hingen sie reglos am Tropf mit dem Xylokain und dachten nach.

Ingenieur Wilczkowski zum Beispiel dachte an die Berge, genauer gesagt, an einen von der Sonne vergoldeten Gipfel (so poetisch drückte er es hinterher aus), wo man endlich das Seil losmacht und sich hinsetzt. Es war kein Gipfel in den Alpen oder in Äthiopien, nicht einmal im Hindukusch, nur eine der Miguszowiecki-Spitzen, vielleicht auch der Mönch, auf den er in einem September den sehr schönen Weg durch die Westwand gemacht hatte. Herr Rudny (der erste Fall, bei dem eine Vene während des akuten Infarkts ins Herz verpflanzt wurde) sah Maschinen, natürlich die modernsten, aus England oder der Schweiz importiert, und alle in Betrieb, denn nirgends fehlte es an Ersatzteilen. Frau Bubner indessen (Umkehrung des Blutkreislaufs) hatte eine kleine Spritzgußmaschine vor Augen. Ein Mitarbeiter stellte damit die Plastikteile her. Die verantwortungsvollste Arbeit, das Färben dieser Teile, führte Frau Bubner eigenhändig aus. Danach setzte sie die Kugelschreiber zusammen (mit Schweizer Minen, die sie in Paketen bekommen hatte – gegen eine Zollbescheinigung selbstverständlich), etikettierte sie und packte sie in eine Schachtel.

Daran dachten Dr. Edelmans Patienten, während sie am Tropf hingen.

Am Tropf denkt man meistens daran, was am wichtigsten ist.

Für die Chefärztin Heller ist am wichtigsten gewesen, wem eine solche Nummer für das Leben zustand. Und für Herrn Rudny sind am wichtigsten Ersatzteile. Hätte Frau Dr. Heller also Herrn Rudny eine Nummer zugeteilt, dann wäre es eine für Maschinen gewesen, denn diese sind das Leben von Herrn Rudny. So, wie es für Frau Bubner die Kugelschreiber und für Herrn Wilczkowski die Mięguszowiecki-Spitzen sind.

Was Herrn Rzewuski angeht, so dachte er an gar nichts.

Hätte es Herr Rzewuski der Frau Bubner und dem Herrn Rudny gleichtun und sich erinnern können, was das Beste in seinem Leben gewesen ist, so hätte er ohne Zweifel an die Fabrik gedacht, die man ihm mit achtundzwanzig Jahren anvertraut und mit dreiundvierzig wieder weggenommen hatte. Er hätte sogleich wieder den Geruch des Metalls in der Nase, würde hören, wie jemand mit einer Zeichnung kommt, und wissen, daß dort etwas entsteht, was man sehen, anfassen, messen kann, wieder überkäme ihn die Ungeduld beim Anblick des bearbeiteten Metalls, denn er würde den Prototyp anfassen wollen, den er eben erst auf der Zeichnung gesehen hatte...

(›Die Fabrik‹, sagt Herr Rzewuski, ›die Fabrik war für mich das gleiche wie das Ghetto für Dr. Edelman: das Wichtigste, was im Leben geschehen ist. Tätigkeit. Die Chance der Bewährung. *Ein echtes männliches Abenteuer.*‹)

Daran würde Herr Rzewuski ohne Zweifel denken, während er am Tropf hing, wenn er überhaupt an etwas denken würde. Aber wie ich schon sagte, er dachte an gar nichts, weder zu der Zeit, als der Professor noch gedankenverloren in seinem Zimmer saß und an Herrn Rzewuski sich schon der Anästhesist zu schaffen machte, noch ein paar Stunden später, als der Professor, Edelman und die Chętkowska voller Freude auf den hüpfenden kleinen Lichtpunkt des Monitors schauten. Er hatte die ganze Zeit über nämlich nur ein Gefühl – das des Schmerzes, und es gab nichts Wichtigeres, als daß dieser Schmerz wenigstens für ein Weilchen nachließ.

Es war der erste Aufstieg mitten durch die Westwand und wohl doch nicht im September, aber jedenfalls hatten sie schon sehr viel Sonne in der Wand. Dann blickten sie von oben auf das Morskie Oko hinab, hinter dem hochgetürmt die Bergwelt und die Babia Góra lag. Als der Engländer Mallory gefragt wurde, weshalb er den Mount Everest besteigen wolle, antwortete er: »Because he exists.« Weil er da ist. Der vergoldete Gipfel war fern, den ganzen Sonnabend (zu dem Xylokain war noch Ultrakorten gekommen) klomm er dorthin, er sah ihn vor sich, kam ihm aber keinen Millimeter näher und begriff, daß er nie mehr im Leben an diesen sonnenbeschienenen Ort gelangen würde.

Er begann seine Chancen abzuwägen. In den Bergen hatte er bisher noch nie einen Unfall gehabt, aber das beruhigte ihn keineswegs, es konnte ja durchaus noch einer passieren. Man weiß von Zaubergeistern, die den Bergsteigern Unglück bringen. Vor der Expedition nach Äthiopien zum Beispiel bekam ihr Zaubergeist (hinterher erst zeigte sich, daß er ein solcher war) die Traglast mit der Nummer acht und wollte sie nicht nehmen. Also nahm sie ein anderer. Sie waren acht Mann, an einem Achten gingen sie los, und der Mann mit der achten Traglast rutschte von der Zeltplane ab. Die Gründe sind bis heute nicht geklärt, dabei hatten sie alle auf dieser Plane geschlafen, fest angeseilt. Bei Dyhrenfurths Expedition auf den Mount Everest starb ein Hindu vor Erschöpfung, da war der Unglücksbringer der letzte Mann gewesen, der ihn lebend gesehen hatte. Übrigens hatte der Hindu die Jacke dieses Mannes angehabt. Die ganze Nacht vom Sonnabend auf den Sonntag grübelte Wilczkowski also über seine Lage nach, und obgleich er sich um äußerste Objektivität bemühte, kam er nicht zu dem Schluß, daß seine Koordinaten sich mit etwas Besorgniserregendem kreuzten. Das gab ihm mächtig Auftrieb.

Die vier Walzen in der englischen Maschine sind so zu regulieren, daß sie völlig synchron laufen. Dann gibt es keine Spannungen, und das Material reißt nicht. Die Regelung erfolgt über ein stufenloses Getriebe, man dreht den Ring an einer Kegelscheibe, und es ist ein wunderbares Gefühl, wenn das Material – Saumband, Gummi oder Gurt – die richtige Geschwindigkeit und Feuchtigkeit erreicht, wenn alle Walzen ideal aufeinander eingespielt sind. Dann weiß der Mensch, daß ihm die Technik untertan ist.

Die Maschinen waren also geschmiert, die Walzen drehten sich, fehlerlos reguliert, rhythmisch um sich selbst, nun konnte Herr Rudny auch an das Gartengrundstück denken. Das Umgraben stand bevor, und eigentlich wäre eine schöne kleine Laube ganz nützlich.

Seine Frau hatte gemeint, wer weiß, vielleicht sollten sie sich ein Häuschen hinbauen. So etwas für den Sommer, wie sie es jetzt alle haben.

»Bis jetzt haben wir alles zu beschaffen gewußt, worauf es uns im Leben am meisten ankam«, hatte seine Frau gesagt. Die modernsten Möbel, hell, mit schwarzlackierten Türen, den Berechtigungsschein für die Waschmaschine, jedes Jahr einen Urlaubsplatz, und noch nie haben sie auf Kalbfleisch ohne Knochen verzichten müssen. Wenn sie also nur ein bißchen rührig wären, könnten sie auch die Datsche haben. So hatte seine Frau gesagt, die bis zu dem Augenblick, da sie ihn von weitem durch die offene Tür der Wachstation erblickte, geglaubt hatte, sie hätten immer alles bekommen, was im Leben wirklich wichtig ist.

Die Kugelschreiber waren nur im »Haus des Buches« abzusetzen. Weder die Kioske von »Ruch« noch die Schreibwarengeschäfte durften solche Ware abnehmen. Sie hingen also vollkommen von den Buchhandlungen ab. Der Leiter einer Buchhandlung konnte tausend oder zweitausend Stück auf einmal nehmen, Frau Bubner mußte daher alles tun, um die Ware dort unterzubringen.

Den Infarkt bekam sie gleich nach der Rückkehr von der Gerichtsverhandlung (ein Jahr mit drei Jahren Bewährung), bei der sich übrigens gezeigt hatte, daß der Satz einheitlich gewesen war: Alle Kugelschreiberproduzenten hatten den Chefs der Buchhandlungen sechs Prozent gegeben, also zehn- oder zwanzigtausend Złoty, je nach der gelieferten Menge.

Im Gerichtssaal erwies sich auch, daß nicht nur die herzkrank waren, die gegeben hatten. Die Leute, die das Geben vermittelt hatten, befanden sich in einer noch übleren Verfassung, einer von ihnen schluckte regelmäßig Nitroglyzerin, und die Richterin ordnete dann sogleich eine Pause an: »Moment, wir müssen warten, bis sich das Nitroglyzerin aufgelöst hat. Bleiben Sie nur ganz ruhig, mein Herr.«

In der schlimmsten Verfassung waren allerdings diejenigen, die genommen hatten. Die ganzen Chefs der

Buchhandlungen. Einer hatte schon einen Infarkt hinter sich, der Gerichtsarzt ließ ihn überhaupt nur eine Stunde rein, so daß die Richterin dauernd auf die Uhr gucken mußte und genau nach sechzig Minuten die Verhandlung unterbrach. Man muß schon sagen, die Richterin war wirklich in Ordnung, sie hatte Verständnis für alle Herzkranken – für die Hersteller, die Vermittler und die Chefs der Buchhandlungen.

Was Frau Bubner selbst angeht, so bedurfte sie damals noch nicht der ärztlichen Fürsorge. Den Infarkt bekam sie erst nach der Verhandlung, zu Hause, und sie hatte sogar noch Zeit, sich auf der Trage aufzurichten und den Nachbarn zu bitten, er möchte den Dackel mit den besten Spritzen einschläfern lassen, die er nur bekommen könne.

»Herr Dr. Edelman kam dann zu mir und sagte: ›Es hilft nur eins, Frau Bubner: operieren.‹ Ich fing an zu weinen und sagte: ›Nein.‹ Er sagte: ›Sie müssen, Frau Bubner. Wirklich.‹« (Es handelte sich nämlich um einen Vorderwandinfarkt mit Rechtsschenkelblock, um einen jener Fälle, bei dem die Menschen immer stiller und ruhiger werden, weil alles in ihnen nach und nach abstirbt. Und Frau Bubner war jene vierzehnte Person, bei der der Professor nicht mehr fragte: »Was wollt ihr eigentlich von mir?«, sondern erklärte: »Gut. Wir versuchen es.«) Darum hatte Edelman gesagt: »Sie müssen, Frau Bubner. Wirklich.«

»... und damals dachte ich an meinen Seligen, der doch so gut und so religiös gewesen war. Er sagte immer: ›Na ja, Mania, es ist schwer, aber es gibt einen Gott.‹ In der mosaischen Gemeinde hat er sich sehr verdient gemacht, nach der Versammlung der Innung ist er nie mit den anderen in die ›Malinowa‹ gegangen, sondern gleich nach Hause, und wenn ich manchmal Lust auf ein Gläschen in Gesellschaft hatte, dann meinte er: ›Bitte sehr, Maniusia, nur gib mir deine Handtasche, damit du sie nicht verlierst.‹ Und da dachte ich: Wenn so ein Mann seinen Herrgott bittet, dann wird er es ihm bestimmt nicht abschlagen. Sogar als ich auf dem Präsidium saß, einen Monat lang, vor der Verhandlung, war ich ganz ruhig. Ich wußte, daß sich vor mir die Türen öffnen mußten, denn es war unmöglich, daß mein Mann nichts für mich tun konnte. Und was meinen Sie? Hat er es getan? Von der Innung kam der Buchhalter, zahlte eine Kaution, und ich wurde bis zur Verhandlung bedingt auf freien Fuß gesetzt.

So habe ich auch jetzt gesagt: ›Machen Sie sich keine Sorgen, Herr Doktor, Sie werden sehen, er wird schon alles Nötige erledigen.‹«

(Kurz nach diesen Worten hatte der Professor die Hauptvene zu Frau Bubners Herz abgeklemmt, um den Abfluß des Blutes zu unterbinden und das arterielle Blut in die Venen zu leiten. Und zur Freude aller Beteiligten fand das Blut in diesem Herzen einen Abfluß ...)

Bevor die neuen Maschinen importiert wurden, schickte man Herrn Rudny zum Praktikum nach England, nach Newcastle. Dort stellte Herr Rudny fest, daß die englische Gütekontrolleurin viel weniger Ausschuß heraussortierte, als er es aus seinem Betrieb kannte. Und es kam auch nie vor, daß eine Maschine stillstand, weil Ersatzteile fehlten.

Als er wieder in Łódź war, träumte er davon, daß die Maschinen hier genauso liefen wie die in Newcastle. Leider kann sich der Mensch abstrampeln bis zum letzten, und es gelingt ihm trotz allem nicht, die notwendigen Kleinigkeiten aufzutreiben. Der Ausschuß war noch immer sehr hoch, und außerdem kam Herr Rudny mit den jungen Kollegen nicht klar.

Der Werkdirektor meint, früher wäre das Verhältnis zum Vorgesetzten ein anderes gewesen, weil es nicht so leicht Arbeit gab. Heute gehen die Arbeiterkinder auf die Schulen – und das ist gut so, nur ist dann für die Arbeit keiner da, und wenn einer zur Arbeit kommt, vor allem von der Fachschule, dann muckt er bei jeder Kleinigkeit auf, weil er seinen Wert kennt.

Als Herr Rudny nach der Operation wieder aus dem Krankenhaus kam (das war nach der Operation, während des akuten Infarkts, als es darauf ankam, wer schneller war: der Infarkt oder die Ärzte – die Ärzte oder der Herrgott. Es war der Eingriff, vor dem der Professor die Klinik verlassen hatte und nicht zurückkommen wollte. Er kam aber zurück, am selben Tag noch, spätnachmittags. Und wenn wir schon genau sind, dann ist nicht nur der Professor weggegangen. Auch Edelman war fort, obwohl doch gerade er so auf dem Eingriff bestanden hatte. Er sagte: »Ich geh ein Stück nachdenken.« Auch er kannte ja die Bücher, in denen geschrieben steht, daß derartige Operationen nicht gemacht werden dürfen. Nach einigen Stunden kam er zurück, und Elżbieta Chętkowska schrie: »Wo treibt ihr euch denn herum? Wißt ihr nicht, daß hier jede Minute zählt?«) – als also Herr Rudny nach der Operation, die solches Aufsehen in der Presse erregt hatte, wieder erschien, versetzte man ihn in eine ruhige Abteilung. Man wählte extra eine aus, in der es weder importierte Maschinen noch fehlende Ersatzteile noch junge Facharbeiter gab. So kam er zu den Schmiermitteln. »Die Gesundheit, nichts als Herrn Rudnys Gesundheit war der Grund für die Versetzung«, erklärt der Direktor. »Durchaus nicht – wie Herr Rudny meinte – die Tatsache, daß er zum Arbeitsschutz gegangen ist und erzählt hat, der schon seit zehn Tagen krank geschriebene Kollege Nowak sei nicht einfach krank, sondern Opfer eines Arbeitsunfalls. Das ist für den Betrieb eine knifflige Sache, wenn ein Arbeitsunfall mit zehntägiger Verspätung gemeldet wird, aber wie ich schon sagte, ging es überhaupt nicht darum. Nicht deswegen hat Herr Rudny eine ruhigere Arbeit bekommen.«

In seiner neuen Stellung hatte Herr Rudny das Schmieröl zu verwalten. Was war das schon für eine Arbeit! Eine Maschine anschauen, ein Protokoll schreiben – fertig. Herr Rudny wußte natürlich sehr wohl, wie verantwortungsvoll das ist: Wird eine hochtourige Maschine immer richtig geschmiert, dann läuft sie jahrelang. Aber daß diese Arbeit einen sichtbaren Effekt gehabt hätte – das konnte man nicht sagen.

Der Direktor weiß nicht, worauf ich hinaus will, als ich mich nach dem Gesundheitszustand des Herrn Rudny erkundige.

War ich etwa gar der Meinung, der Betrieb trüge Schuld an der Krankheit? Aber nein, dieser Meinung bin ich überhaupt nicht. Der Direktor erzählt dann noch, wie sich sein Zwölffingerdarmgeschwür jedesmal erneuert, wenn er in einen Zulieferbetrieb fahren und um Ersatzteile oder besseres Garn betteln muß. Und der Hauptmechaniker, der unmittelbare Vorgesetzte von Herrn Rudny (Ersatzteile nicht nur für ein paar Maschinen, sondern für den ganzen Betrieb!), stand schon zweimal kurz vor dem Infarkt und wurde ins Krankenhaus gebracht. Wenn ich wolle, könne er sich gleich den Blutdruck messen lassen, das Quartal geht zu Ende, weniger als hundertachtzig zu hundertzehn wird er bestimmt nicht haben.

Alle drei, Frau Bubner, Herr Wilczkowski und Herr Rudny, hatten also an jenem Samstag viel Zeit zum Nachdenken. Und dabei dachten sie auch daran, daß sie nie wieder einen Infarkt haben wollten.

Man kann sich fest vornehmen, keinen Infarkt mehr zu erleiden, genauso, wie man sich durch die Wahl seiner Lebensweise auf einen Infarkt einlassen kann.

Frau Bubner löste sofort nach ihrer Heimkehr die Werkstatt auf. Die gesamten Unterlagen sind fünf Jahre aufzubewahren, und so hat sie noch ihre Kugelschreiber, ein Stück von jedem Muster. Ab und zu kann sie alles hervorkramen, die vierfarbig glänzenden Stifte, die etikettiert und ins Rechnungsbuch eingetragen sind, herausnehmen, putzen und betrachten. Dann packt sie alles wieder in den Karton, steckt ihn weg und macht in aller Gemächlichkeit einen Spaziergang.

Herr Rudny hingegen, der seit kurzem in seiner alten Abteilung ist, weil wieder einmal Maschinen eingetroffen sind, diesmal aus der Schweiz, Herr Rudny also hat sich gesagt: »Immer mit der Ruhe. Selbst wenn mal ein Teil fehlt, brauche ich überhaupt kein altes zu regenerieren oder mich auf den Kopf zu stellen, um ein neues anzufertigen. Wenn ein Teil fehlt, habe ich weiter nichts zu tun, als ein Bestellformular auszufüllen, und damit ist meine Pflicht getan.«

Und Tatsache: Er füllt das Bestellformular aus, und die Sache ist in Ordnung.

Wenn er das sich selbst gegebene Wort doch einmal bricht, dann wirklich nur für kurze Zeit. Es genügt, daß er in der Gegend des Brustbeins einen Schmerz fühlt, zum Arzt geht und zu hören bekommt: »Herr Rudny. Man soll sich des Lebens freuen und sich nicht über Maschinen ärgern.« – und er füllt wieder Formulare aus.

Dann spürt er keinen Schmerz mehr und geht ins Krankenhaus nur privat, zu Besuch, am 5. Juni, dem Jahrestag seiner Operation. Drei Blumensträuße hat er dann bei sich. Den ersten für den Professor und den zweiten für Dr. Edelman. Den dritten trägt er nach Radogoszcz, auf das Grab von Dr. Elżbieta Chętkowska.

»Lejkin, diesem Polizisten, den ihr erschossen habt, war damals nach siebzehnjähriger Ehe das erste Kind geboren worden ... Er dachte, es durch seinen Diensteifer retten zu können ... Die Aktion war vorüber, du warst am Leben ...

Und kürzlich hattest du Besuch von einer Frau, der Tochter des Kommandanten des Umschlagplatzes. Den habt ihr ebenfalls erschossen.

Sie war von weit her gekommen, und du hast gefragt, zu welchem Zweck.

Sie sagte, sie wolle wissen, wie das damals gewesen sei.

Du hast es ihr erläutert: Er wollte kein Geld herausrücken und wurde verurteilt, tut mir leid ...

»Wieviel?« fragte sie. »Wieviel wollte er nicht herausrücken?«

Du wußtest es nicht mehr. Zwanzigtausend oder zehntausend ... Wahrscheinlich zehntausend ...

»Es war Geld für Waffen«, erklärtest du der Frau.

Sie sagte, ihr Vater habe das Geld nicht zahlen wollen, weil er es für sie brauchte. Sie war auf der arischen Seite versteckt, das kostete seinen Preis.

Daraufhin hast du sie genau angesehen.

»Sie haben blaue Augen... Wieviel mußte man für ein Mädchen mit blauen Augen zahlen? Zweitausend im Monat, vielleicht zweieinhalb... Was war das schon für Ihren Vater?«

»Und was kostete ein Revolver?« fragte sie.

»Fünf etwa«, sagtest du. »Damals noch fünf...«

»Es ging euch also um zwei Revolver. Oder um vier Monate meines Lebens«, sagte sie erbittert.

Du hast ihr versichert, daß ihr solche Rechnungen niemals aufgestellt habt und daß es dir wirklich leid tut.

Ob du ihn gekannt hast, wollte sie wissen.

Vom Sehen, sagtest du, täglich auf dem Umschlagplatz, wenn er zur Arbeit kam. Er tat dort nichts Böses, er zählte die Menschen, die mit den Waggons abtransportiert wurden. Jeden Tag wurden zehntausend Menschen abtransportiert, und sie mußten gezählt werden. Er stand also da und zählte sie, ganz wie jeder Angestellte, der gewissenhaft ist: Er kam zur Arbeit, begann zu zählen, und wenn er bei zehntausend angelangt war, hatte er Feierabend und ging nach Hause.

Sie fragte, ob daran wirklich nichts Böses gewesen sei.

Nein, wieso denn. Er hat niemals jemanden geschlagen, getreten oder anders mißhandelt. Er sagte nur: Eins – zwei – drei – hundert – hunderteins – tausend – zweitausend – dreitausend – viertausend – neuntausendeins... Wie lange dauert es, bis zehntausend zu zählen? Zehntausend Sekunden, nicht ganz drei Stunden. Weil es sich aber um Menschen handelte, die man antreten lassen und aufteilen mußte, nahm alles längere Zeit in Anspruch. Pünktlich um sechzehn Uhr ging jedoch der Transport ab, und seine Dienstzeit war vorüber.

Das alles, so sagtest du noch einmal, habe übrigens gar keine Bedeutung gehabt, denn er sei nicht deswegen, sondern wegen des Geldes verurteilt worden. Bis 18 Uhr war ihm die Frist gesetzt, es zu liefern. Er kam vom Dienst, zwei junge Burschen strichen nebenan eine Tür, um die Wohnung zu beobachten und das Zeichen zu geben. Er kam pünktlich nach Hause, sie warteten zwei Stunden ab, klopften an, und er öffnete ihnen ...

Sie fragte dich, ob er große Angst gehabt habe und wie lange das ganze gedauert hätte?

Du hast ihr eine Zigarette angeboten und versichert, er habe zum Erschrecken gar keine Zeit gehabt. Es sei ein rascher, leichter Tod gewesen, leichter als der vieler anderer Menschen.

»Warum hat er die Tür aufgemacht?« fragte sie. »Warum ist er nach Hause gekommen? Er hätte wegbleiben, sich verstecken können. Warum ist er nach dem Dienst nach Hause gegangen?«

»Er konnte sich nicht vorstellen, daß die Warnung ernst gemeint war«, erklärtest du ihr. »Es kam ihm gar nicht in den Sinn, daß diese Juden, die er zählte und die sich so gefügig und widerspruchslos zählen ließen, sich zu einer solchen Tat aufraffen könnten.«

»Er wäre so oder so umgekommen«, sagte sie. »Warum habt ihr ihn nicht mit Würde, sinnvoll, menschlich sterben lassen? Hattet ihr überhaupt ein Recht, für ihn den Tod zu wählen?«

Ihre Wangen glühten, ihre Hände zitterten, und du gabst dir Mühe, geduldig zu bleiben. »Wir haben den

Tod nicht für Ihren Vater gewählt, sondern für uns und die sechzigtausend Juden, die damals noch lebten. Der Tod Ihres Vaters war nur die Konsequenz jener Wahl. Eine schmerzliche Konsequenz, es tut mir wirklich sehr leid ...

Übrigens stimmt es nicht, daß der Tod Ihres Vaters sinnlos war. Im Gegenteil. Nach diesem Urteil kam es nie mehr vor, daß uns jemand das Geld für Waffenkäufe verweigerte.«

Also:

»Die Aktion war vorüber, du warst am Leben ...«

»Im Ghetto waren noch sechzigtausend Juden. Sie hatten jetzt alles begriffen: was die ›Umsiedlung‹ bedeutete und daß man nicht zögern durfte. Wir faßten den Beschluß, für das gesamte Ghetto eine einheitliche militärische Organisation zu schaffen. Das war übrigens nicht einfach, weil einer dem anderen mißtraute, wir den Zionisten, die Zionisten uns. Aber jetzt war das völlig unwichtig geworden. Wir gründeten einen einheitlichen Verband, die ŻOB.

Wir waren fünfhundert Mann. Dann aber gab es im Januar erneut eine Aktion, und es blieben nur achtzig übrig. In diesem Januar gingen die Menschen zum ersten Male nicht mehr freiwillig in den Tod. Wir erschossen einige Deutsche auf der Muranowska, der Franciszkańska, der Miła und der Zamenhof-Straße. Das waren die ersten Schüsse im Ghetto, und sie machten großen Eindruck auf der arischen Seite: Es war ja noch vor den großen bewaffneten Aktionen des polnischen Widerstands. Wladyslaw Szlengel, ein Dichter, der im Ghetto Verse schrieb und den Komplex eines sanften, gefügigen Todes hatte, machte noch ein Gedicht über diese Schüsse. Es heißt ›Gegenangriff‹. Hör zu:

... Hörst, deutscher Gott, du,
was in wüsten Mauern die Juden beten,
Stangen und Knüttel in der Faust:
Um blutigen Kampf, Herr, bitten wir,
wir flehen Dich an um jähen Tod.
Laß unsere Augen brechen, bevor
den Schienenstrang sie sehen.
Doch gib uns eine sichre Hand, o Herr...
Aus unseren Läufen schlagen Blütenflammen,
als sprössen purpurn blutrote
Blumen in den Gassen von Muranów
Unser Frühling ist das, unser Aufstand,
des Kampfes Wein, der unsern Sinn berauscht,
die Wälder unseres Partisanenkrieges –
Winkel und Höfe von Ostrowska und Dzika...

Der Genauigkeit halber will ich dir sagen, daß wir von diesen ›unseren Läufen‹, aus denen Blütenflammen schlugen, ganze zehn Stück im Ghetto hatten. Diese Pistolen stammten von der AL*.

Die Gruppe Anielewiczs, die auf den Umschlagplatz geführt worden war und keine Waffen hatte, ging mit den Fäusten auf die Deutschen los. Die Gruppe von Pelc, einem achtzehnjährigen Burschen, der von Beruf Drucker war, weigerte sich, in die Waggons zu gehen, und van Oeppen, der Kommandant von Treblinka, erschoß sie alle auf der Stelle – sechzig Mann. Ich weiß noch, wie der Rundfunksender Kościuszko das Volk damals zum Kampf aufrief. Eine Frauenstimme schrie: ›Zu

* *Armia Ludowa* (Volksarmee): bewaffnete kommunistische Untergrundorganisation im besetzten Polen.

den Waffen‹, im Hintergrund hörte man Schalleffekte, die Waffengeklirr nachahmen sollten. Uns interessierte, womit sie dort klirren mochten, denn was uns betraf, so hatten wir damals sechzig Pistolen – von der Arbeiterpartei und von der AK.«

»Weißt du übrigens, wer da geschrien hat? Ryszarda Hanin, die Schauspielerin.

Sie hat damals in der Rundfunkstation in Kuibyschew Meldungen, Gedichte und Appelle gesprochen, und sie meint, es sei nicht ausgeschlossen, daß sie euch damals zu den Waffen gerufen hat. Aber mit richtigen Waffen haben sie nicht geklirrt. Rysia Hanin sagt, nichts im Radio klinge so falsch wie echte Geräusche...«

»Einmal wollte Anielewicz einen Revolver erbeuten und tötete auf der Miła einen Werkschutzmann. Nachmittags kamen die Deutschen und räumten zur Vergeltung die Zamenhof-Straße von der Miła bis zum Muranowski-Platz. Mehrere hundert Menschen. Wir waren wütend auf ihn. Wir wollten sogar... Aber lassen wir das.

In dem Haus, wo sie anfingen, an der Ecke der Miła und der Zamenhof-Straße, wohnte mein Kamerad Henoch Rus. (Durch ihn übrigens war die Entscheidung zugunsten einer einheitlichen Kampforganisation gefallen. Die Diskussion dauerte einige Stunden, es wurde mehrmals abgestimmt, aber jedesmal waren ebenso viele dafür wie dagegen. Henoch war es dann, der schließlich seine Meinung änderte und die Hand hob. Damit war die Gründung der ŻOB beschlossene Sache.)

Henoch Rus hatte einen kleinen Sohn. Als der Krieg anfing, wurde der Junge krank, er brauchte eine Transfusion. Ich spendete Blut, aber gleich nach der Transfusion starb das Kind. Vermutlich eine Schockwirkung auf das

Blut, das kommt manchmal vor. Henoch sagte nichts, ging mir jedoch aus dem Wege: schließlich hatte mein Blut sein Kind getötet. Erst als die Aktion begann, sagte er: ›Durch dich ist mein Sohn zu Hause gestorben, wie ein Mensch. Ich bin dir dankbar.‹

Damals besorgten wir uns Waffen.

Wir schmuggelten sie von der arischen Seite herüber (verschiedene Einrichtungen und Privatpersonen brachten wir mit Gewalt dazu, uns Geld dafür zu geben), wir druckten auch kleine Zeitungen, die unsere Melderinnen in Polen verbreiteten ...«

»Was habt ihr für einen Revolver bezahlt?«

»Dreitausend bis fünfzehntausend, je nachdem. Als es auf den April zuging, wurde es teurer: der Bedarf war größer.«

»Und was kostete es, einen Juden auf der arischen Seite zu verstecken?«

»Zwei- bis fünftausend, verschieden. Je nachdem, ob er wie ein Jude aussah, mit Akzent sprach, ob es ein Mann war oder eine Frau.«

»Für einen Revolver hätte man also einen Monat lang einen Menschen verstecken können. Oder zwei. Oder sogar drei.«

»Für einen Revolver konnte man auch einen Juden freikaufen, der einem Erpresser Geld zahlen mußte, damit dieser ihn nicht verriet.«

»Hätte man euch also vor die Wahl gestellt: einen Revolver oder einen Monat eines Menschenlebens ...«

»Vor dieser Wahl standen wir nicht. Vielleicht war es auch besser so.«

»Eure Melderinnen verteilten die Zeitungen also in Polen ...«

»Eines der Mädchen fuhr damit nach Piotrków ins Ghetto. Im dortigen Judenrat saßen unsere Leute, und es herrschte außergewöhnliche Ordnung: keine Schiebung, gerechte Verteilung von Verpflegung und Arbeit. Doch wir waren jung und kompromißlos, wir hielten es für Kollaboration, wenn jemand im Judenrat arbeitete. Wir befahlen ihnen, von dort zu flüchten, und so kamen etliche Leute nach Warschau. Sie mußten versteckt werden, denn die Deutschen fahndeten nach diesen Mitgliedern des Judenrats von Piotrków. Ich hatte mich um das Ehepaar Kellerman zu kümmern. Zwei Tage vor Abschluß der Liquidierungsaktion, als man uns vom Umschlagplatz holte, damit wir die Nummern bekamen, sah ich Kellerman hinter der Tür des Spitalgebäudes stehen. Die einstmals verglaste Tür war mit Brettern vernagelt, und durch eine Spalte zwischen diesen Brettern sah ich sein Gesicht. Ich gab ihm ein Zeichen mit der Hand, daß ich ihn holen werde. Dann wurden wir hinausgeführt. Als ich nach einigen Stunden zurückkam, war niemand mehr hinter der Tür.

Weißt du, ich habe vorher und hinterher viele Leute auf diesen Platz gehen sehen, aber nur vor diesen beiden möchte ich mich rechtfertigen. Ich sollte mich um sie kümmern, ich hatte ihnen versprochen, daß ich komme. Sie haben bis zuletzt auf mich gewartet – und ich kam zu spät.«

»Was war mit dieser Melderin, die nach Piotrków ins Ghetto fuhr?«

»Nichts. Einmal auf dem Rückweg schnappten sie Ukrainer und wollten sie erschießen. Unsere Leute aber steckten ihnen Geld zu, die Ukrainer stellten das Mädchen neben die Grube, schossen mit Platzpatronen, und sie tat, als sei sie tot. Danach fuhr sie wieder mit Zeitungen nach Piotrków.

Wir druckten diese Blätter auf einem Vervielfältigungsapparat. Er befand sich in der Wałowa, und eines Tages mußte er von dort weg. Unterwegs stießen wir auf jüdische Polizisten. Wir trugen diesen Apparat, sie umringten uns und wollten uns auf den Umschlagplatz schleppen. Das Kommando führte ein Rechtsanwalt, der sich vorher immer einwandfrei benommen, niemanden geschlagen, nicht hingesehen hatte, wenn einer abhaute. Wir entkamen ihnen, und als ich dann zu meinen Freunden sagte: ›Seht ihr, er ist doch ein Schwein‹, da erklärten sie mir, sicher habe er nicht mehr aus noch ein gewußt und geglaubt, es sei für ihn genauso zu Ende wie für uns. Dasselbe hat mir Maślanko gesagt, als wir zu dritt in die BRD fuhren, um als Zeugen auszusagen. Wir hatten kein Wort mehr miteinander gewechselt seit dem Krieg, aber als wir im Zug ein bißchen getrunken hatten, da sagte Maślanko: ›Und was hat das für einen Sinn, sich heute noch daran zu erinnern?‹

Tatsächlich. Was hat das für einen Sinn – sich zu erinnern?

Einige Tage nach der Erschießung des Werkschutzmannes und dem Massaker, im April, gingen wir die Straße entlang, Antek, Anielewicz und ich, und plötzlich sehen wir auf dem Muranowski-Platz Menschen. Die Sonne schien, ein warmer Tag, die Leute waren aus den Kellern gekommen. ›Mein Gott‹, sagte ich, ›wie können sie das machen? Wozu laufen sie da herum?‹ Und Antek sagte, und er meinte mich: ›Wie er sie haßt! Er möchte, daß sie nur im Finstern hocken …‹ So hatte ich mich schon daran gewöhnt, daß die Menschen nur nachts auf die Straße durften. Kamen sie am Tage, so waren sie zu sehen. Und das hieß, daß sie umkommen würden.

Es war Antek, der damals auf der Sitzung des Stabs als erster gesagt hatte, die Deutschen würden das Ghetto in Brand stecken. Als wir noch darüber nachdachten, was wir tun, wie wir sterben sollten – ob wir uns auf die Mauern stürzen, an den Hängen der Zitadelle erschießen lassen, das Ghetto anzünden und mit ihm verbrennen sollten –, da fragte Antek: ›Und wenn sie uns selber anzünden?‹ ›Red keinen Blödsinn‹, antworteten wir, ›die werden doch nicht eine Stadt verbrennen.‹ Am zweiten Tag des Aufstands legten sie tatsächlich Brände. Wir waren im Bunker, jemand kam hereingestürzt mit dem entsetzten Schrei, es brenne. Eine Panik brach aus. ›Das Ende, mit uns ist es aus.‹ Ich mußte dem Burschen eins in die Fresse hauen, damit er sich beruhigte.

Wir gingen auf den Hof. Von allen Seiten Feuer, aber im zentralen Ghetto, zum Glück, noch nicht. Nur unser Gebiet brannte, die Bürstenfabrik, und ich sagte, wir müßten uns durchschlagen. Ania, die Freundin Adams, die aus dem Pawiak herausgekommen war, sagte, sie könne nicht mit, sie müsse bei ihrer Mutter bleiben. Wir ließen sie zurück und rannten über den Hof, bis zur Mauer auf der Franciszkańska. Dort war eine Bresche in der Mauer, aber hell beleuchtet von einem Scheinwerfer. Die Leute fangen wieder an durchzudrehen – dort gehen sie nicht hin, in diesem Licht wird jeder einzeln abgeknallt. Ich sage also: ›Wenn ihr nicht wollt, dann bleibt.‹ Und sie blieben, sechs Mann waren es wohl. Mit dem einzigen Karabiner, den wir hatten, schoß Zygmunt auf den Scheinwerfer, und wir sprangen schnell hinüber. (Das war der Zygmunt, der gesagt hatte, ich werde am Leben bleiben, er aber nicht, und ich solle seine Tochter in Zamość suchen.)

Gefällt dir das Ding mit dem Scheinwerfer? Ich weiß, das macht schon eher was her als der Tod in einem Keller. Es liegt mehr Würde darin, wenn man über eine Mauer springt, als wenn man in der Finsternis erstickt, nicht wahr?«

»Das stimmt.«

»Von der Art habe ich noch etwas zu bieten. Vor dem Aufstand, als die Aktion im kleinen Ghetto begann, sagte mir jemand, Abrasza Blum sei festgenommen worden. Ich ging sofort los, um zu sehen, was mit ihm geschehen war. Er war ein Mann von ungewöhnlicher Klugheit, unser Führer noch aus der Vorkriegszeit.

In Viererreihen hatte man sie auf der Ciepła aufgestellt, und auf beiden Seiten standen Ukrainer. Die Straße war abgeriegelt. Ich mußte weiter hinein, um Blum zu finden, aber hinter dem Rücken der Ukrainer konnte ich nicht entlang, und dort, wo die Leute standen, auch nicht, sonst hätten sie mich ebenfalls festnehmen können. Also ging ich zwischen den Ukrainern und der Menge, so, daß mich alle sahen. Ich schritt rasch und energisch, als hätte ich das Recht, dort entlangzugehen. Und weißt du was? Nicht mal angesprochen hat mich irgend jemand.«

»Ich habe den Eindruck, daß auch du solche Geschichten magst – von raschen, energischen Schritten, von Schüssen auf einen Scheinwerfer. Daß du sie den Geschichten vorziehst, die in Kellern spielen.«

»Nein.«

»Ich glaube doch.«

»Die Geschichte mit diesen Ukrainern habe ich dir aus einem ganz anderen Grund erzählt. Als ich nämlich abends nach Hause kam, stand Stasia auf der Treppe. Sie hatte lange, dicke Zöpfe und weinte. ›Warum weinst du denn?‹ fragte ich – ›Weil ich dachte, sie haben dich verschleppt.‹

Na, und das ist schon alles.

Jeder war mit seinen wichtigen Angelegenheiten beschäftigt, nur Stasia hatte den ganzen Tag auf mich gewartet.«

»Bei diesem Scheinwerfer haben wir den Faden verloren. Obwohl, eigentlich bin ich mir gar nicht sicher, ob wir überhaupt einem Faden folgen.«

»Ist das schlimm?«

»Wieso denn? Das ist gut. Wir schreiben ja keine Geschichte. Wir schreiben über die Erinnerung. Aber bleiben wir bei dem Scheinwerfer: Zygmunt schoß ihn kaputt, ihr seid hinübergesprungen... Warte mal, was ist denn mit Zygmunts Kind, das in Zamość im Kloster war?«

»Elżunia? Gleich nach dem Krieg habe ich sie gefunden.«

»Wo ist ..?«

»Sie ist nicht mehr. Sie fuhr nach Amerika und wurde von irgendwelchen reichen Leuten adoptiert. Sie hatten sie sehr lieb. Elżunia war hübsch und gescheit. Und dann nahm sie sich das Leben.«

»Weshalb?«

»Weiß ich nicht. Als ich in Amerika war, besuchte ich die Eltern. Sie führten mich in ihr Zimmer. Alles war so erhalten wie zu ihren Lebzeiten. Aber ich weiß nicht, warum sie es getan hat.«

»Alle, fast alle Geschichten, die du über Leute erzählst, enden mit dem Tod.«

»So? Na, das sind die Geschichten von damals. Die Geschichten meiner Patienten enden mit dem Leben.«

»Zygmunt, der Vater Elżunias, zerschoß den Scheinwerfer ...«

»... wir sprangen über die Mauern und liefen ins zentrale Ghetto auf die Franciszkańska. Dort auf dem Hof standen Blum (den sie damals doch nicht geschnappt hatten) und Gepner. Das war der, dem ich den roten Pullover aus dem Koffer geklaut habe. Reine Wolle, ganz flauschig, ein herrlicher Pullover ...«

»Ich weiß. Tosia hat dir kürzlich aus Australien wieder so einen geschickt. Und über Gepner kenne ich ein Gedicht: ›Das Lied von dem Eisenhändler Abraham Gepner‹. Da heißt es unter anderem, die Freunde von der arischen Seite hätten ihn gebeten hinüberzukommen, er aber hätte abgelehnt und sei bis zuletzt im Ghetto geblieben. Hast du gemerkt, wie oft sich bei Ghetto-Geschichten dieses Motiv wiederholt: die Chance hinauszukommen und der Entschluß zu bleiben? Korczak, Gepner, ihr ... Vielleicht deshalb, weil die Wahl zwischen Leben und Tod die letzte Chance bot, die eigene Menschenwürde zu wahren ...«

»Blum sagte uns (dort auf dem Hof in der Franciszkańska), eine Gruppe der AK hätte auf der Bonifraterska versucht, die Mauer zu stürmen, aber das sei mißlungen. Anielewicz sei verzweifelt, es gäbe keine Waffen, wir brauchten uns keine Hoffnung mehr zu machen ... Ich sagte: ›Na schön, na gut, aber steht hier nicht so rum.‹ Und sie fragten: ›Wo sollen wir denn hin?‹ Wir waren mehr als dreißig, und alle, Blum und Gepner auch, warteten auf einen Befehl, und ich wußte selber nicht, wohin.

Dann sind wir erst mal in die Keller gegangen, und am Abend beschloß Adam, Ania zu holen. Er bat, ich solle ihm einige Leute mitgeben, ich fragte, wer gehen wolle, es meldeten sich zwei oder drei, sie gingen und kamen wieder und sagten, der Bunker mit Ania und ihrer Mutter sei schon verschüttet, und auch die sechs Jungs, die nicht mitgewollt hatten und bei dem Scheinwerfer geblieben waren, seien tot.

Du willst mich vielleicht fragen, ob ich Gewissensbisse habe, weil ich sie zurückließ?«

»Nein.«

»Ich habe auch keine. Aber leid tun sie mir. Auch heute noch. Dann, am nächsten Tag, trafen wir uns alle. Anielewicz, Celina, Jurek Wilner. Wir gingen in ihren Bunker, die beiden Mädchen, die Prostituierten, machten uns was zu essen, Guta bot uns Zigaretten an. Es war ein ruhiger, schöner Tag.

Was meinst du, wie soll man solche Dinge erzählen?«

»Ich weiß nicht, welche du im Sinn hast.«

»Von den Jungs, die ich dort auf dem Hof gelassen habe.

Darf ein Arzt überhaupt so etwas erzählen? In der Medizin geht es doch um jedes Leben – um jede, auch die geringste Chance, ein Menschenleben zu retten.«

»Können wir nicht über irgendwelche Scheinwerfer reden, einen kühnen Sprung, oder etwas in dieser Art?«

»Das wechselte doch alles miteinander ab. Erst rannte man, dann fiel einer, dann rannte man wieder, Adam steckte den Kopf aus dem Keller, über eine kleine Mauer kam eine Granate, ich schrie: ›Adam, eine Granate‹, und sie explodierte genau auf seinem Kopf. Dann sprang ich aus dem Keller, auf dem Hof standen Deutsche, ich hatte die beiden Pistolen – du weißt, die an den beiden Riemen über Kreuz, ich schoß . . .«

»Und du trafst aus beiden?«

»Woher denn, aus keiner, aber ich erreichte das nächste Haus. Sie rannten hinter mir her, ich kletterte aufs Dach . . . Solche Geschichten sind gut?«

»Erstklassig.«

»Meinst du, es ist schöner, über die Dächer zu laufen, als in Kellern zu sitzen?«

»Mir ist es lieber, wenn du über die Dächer rennst.«

»Damals sah ich keinen Unterschied. Später dann allerdings.

Beim Warschauer Aufstand, als alles am hellen Tag geschah, im Sonnenschein, in einem Raum ohne Mauer. Wir konnten angreifen, uns zurückziehen, laufen. Die Deutschen schossen, aber ich schoß zurück, ich hatte meinen Karabiner, meine weiß-rote Armbinde, neben mir waren andere Leute mit solchen Armbinden, viele Leute. Hör mal, das war ein großartiger, ein komfortabler Kampf, kann ich dir sagen!«

»Kehren wir auf das Dach zurück.«

»Ich rannte also hinüber zum nächsten Haus. Immer in diesem roten Pullover, auf einem Dach bietet das eigentlich ein ideales Ziel, aber gegen die Sonne ist es schwer zu treffen. In diesem anderen Haus lag im fünften Stock ein junger Mensch auf einem großen Sack Zwieback.

Dort blieb ich. Er gab mir einen Zwieback, dann noch einen, mehr wollte er nicht herausrücken. Das war am Nachmittag. Gegen sechs Uhr starb er, und ich hatte den ganzen Sack für mich allein. Leider springt es sich schlecht mit so einem Sack, und ich mußte ja wieder hinunter. Als ich den Hof erreichte, lagen dort fünf Mann von uns. Tot. Einer hieß Stasiek. Am Morgen hatte er mich noch um eine Adresse auf der anderen Seite gebeten, und ich hatte gesagt: ›Dafür ist nicht die Zeit. Dafür ist es zu früh.‹ Ich hatte keine Adresse von der anderen Seite. Aber er sagte: ›Es ist doch alles aus, bitte, gib mir die Adresse.‹ Ich hatte keine Adresse. Dann war er auf den Hof gerannt, und nun hatte ich ihn wiedergefunden.

Die Jungs mußten ihr Grab bekommen.

Wir gruben es, auf der Franciszkańska 30, im Hof. Es ist eine schreckliche Arbeit, ein Grab für fünf Menschen zu graben. Wir betteten sie hinein, und weil es der 1. Mai war, sangen wir leise die erste Strophe der Internationale. Glaubst du so was? Man mußte doch wirklich bekloppt sein, auf einem Hinterhof der Franciszkańska zu singen. Dann haben wir irgendwo Zucker aufgetrieben und gesüßtes Wasser getrunken. Ausgerechnet zu dieser Zeit rebellierten einige in meiner Abteilung, sie meinten, ich würde sie benachteiligen und zu wenig Waffen ausgeben. Darum traten sie in den Hungerstreik: Sie tranken dieses Wasser nicht.

Weißt du, was das Allerschlimmste war?

Daß immer mehr Leute von mir Befehle erwarteten.«

»Wie ging der Streik aus?« (Mein Gott, ein Hungerstreik im Ghetto!)

»Ganz normal. Sie wurden gezwungen, das Wasser zu trinken. Weißt du nicht, wie man Leute im Krieg zu etwas zwingt?

Immer mehr Leute, die älter und erfahrener waren als ich, fragten mich, was zu tun sei. Dabei wußte ich es selber nicht und kam mir ganz einsam vor.

Den ganzen Tag, den ich mit diesem sterbenden Jungen bei den Zwiebäcken verbrachte, ging mir nichts anderes durch den Kopf.

Am 6. Mai kam Anielewicz mit Mira zu uns. Wir wollten Rat halten, aber es gab nichts mehr zu beraten, er legte sich schlafen, ich legte mich schlafen, am Tag darauf sagte ich: ›Bleibt hier, wozu wollt ihr wieder dorthin‹, aber er ging nicht darauf ein. Wir begleiteten sie ein Stück, dann, am 8. Mai, gingen wir zu ihrem Bunker auf der Miła 18, es war schon dunkel, wir rufen – keine Antwort. Schließlich sagt einer: ›Sie haben sich das Leben genommen.‹ Ein paar waren noch übrig, auch die beiden Mädchen, die Prostituierten. Wir nahmen sie mit, und als wir ankamen, war schon Kazik von der arischen Seite mit den Leuten von den Kanälen da: wir sollten hinüber. (Die beiden Mädchen fragten, ob sie mitkommen dürften. Ich sagte: ›Nein.‹) Die Führer durch die Kanäle hatte uns Jóźwiak – ›Witold‹ von der PPR – besorgt. Sie brachten uns zu einem Ausstieg an der Prosta, wir warteten dort eine Nacht und einen Tag und noch eine Nacht. Und am 10. Mai um zehn Uhr ging der Deckel hoch, ein Auto war da, unsere Leute, auch Krzaczek, den ›Witold‹ geschickt hatte. Ringsherum eine Menschenmenge, Blicke des Entsetzens: Wir waren schwarz, dreckig, trugen Waffen. Es herrschte völlige Stille, und wir stiegen hinaus, in das blendende Licht des Maientages.«

Andrzej Wajda möchte einen Film über das Ghetto drehen. Er will Archivaufnahmen verwenden, und Edelman soll vor der Kamera selbst alles berichten.

An den Originalschauplätzen.

Vor dem Bunker auf der Miła 18 zum Beispiel (heute lag dort Schnee, und die Kinder rodelten von dem Hügel herab).

Oder neben dem Tor zum Umschlagplatz.

Dieses Tor gibt es übrigens nicht mehr, die alte Mauer verschwand, als das Wohngebiet »Inflancka« gebaut wurde. Heute stehen hier hohe graue Blöcke – genau in einer Reihe an der Verladerampe entlang. In einem davon wohnt meine Kollegin Anna Strońska. Ich sage ihr, daß dort unten, vor ihrem Küchenfenster, die letzten Wagen des Zuges gestanden haben. Die Lokomotive war da vorn bei den Pappeln. Anna Strońska ist herzkrank, sie wird bleich.

»Hör doch«, sagt sie. »Ich bin immer gut zu ihnen gewesen, sie werden mir nichts zuleide tun?«

»Natürlich nicht«, sage ich, »sie werden dich sogar unter ihre Obhut nehmen.«

»Meinst du?« fragt sie, und die Spannung weicht.

Bei den Aufräumungsarbeiten in dem neuen Wohngebiet stürzte der alte Mauerrest jedenfalls ein, aber an gleicher Stelle erhebt sich inzwischen ein neuer aus gesunden weißen Backsteinen. Gedenktafeln, Leuchter, grüne Blumenkästen. Ringsum frisch gesäter Rasen, alles ist ordentlich, reinlich und neu, und zu Allerseelen und Jom Kippur brennen Kerzen auf den Leuchtern.

Oder – am Mahnmal.

Am 19. April, zum Jahrestag, fahren – wie gewöhnlich – die Autobusse von »Orbis« mit den ausländischen Gästen vor. Die Damen in Frühjahrskostümen, die Herren mit Fotoapparaten. Auf den Bänken um die Anlagen sitzen alte Frauen mit Kinderwagen und verfolgen das

Geschehen: die Autobusse und die Delegationen der Betriebe, die sich für die Kranzniederlegung aufstellen. »In unserem Keller saß eine unter den Kohlen«, könnte eine der Frauen sagen. »Man mußte ihr das Essen durch das Kellerfenster reichen.« (Es ist durchaus möglich, daß die Empfängerin dieses Essens jetzt, angereist in einem der Ausflugsbusse, im Frühjahrskostüm in der Nähe steht.) Schließlich der Trommelwirbel, die Abordnungen mit den Kränzen, nach den Abordnungen einzelne Leute mit kleinen Sträußen oder auch nur einer einzigen Osterglocke. Und nach alledem, nach den Blumen und den Trommeln, plötzlich ein alter Mann mit einem weißen Bart. Er tritt aus der Menge und fängt an, das Kaddisch zu sprechen. An den Stufen des Denkmals, unter den brennenden Schalen stimmt er mit brüchiger Stimme das Gebet an – die Totenklage für sechs Millionen. Der einsame alte Mann mit dem Bart und dem langen schwarzen Mantel.

Dann mengen sich die Leute untereinander. »Hallo, Marek!« ruft jemand. »Marysia!« kommt freudig die Antwort, »du wirst immer jünger.« Marysia Sawicka, die vor dem Krieg im Stadion »Skra« die 800 Meter lief, gemeinsam mit der Schwester von Michał Klepfisz, und dann nicht nur diese Schwester, sondern auch die Frau und die Tochter von Michał bei sich versteckt hatte...

Tochter und Frau blieben am Leben. Michał fiel auf der Bonifraterska, auf jenem Dachboden, wo er sich vor das MG geworfen hatte, damit die anderen in sicherer Deckung hinüber konnten. Er hat auf dem jüdischen Friedhof ein symbolisches Grab mit der Inschrift:

Ing. Michał Klepfisz
17.4.1913 – 20.4.1943

Auch das ein Ort für Filmaufnahmen.

Daneben liegen Jurek Błones, seine zwanzigjährige Schwester Guta und sein zwölfjähriger Bruder Lusiek. Und Fajgełe Goldsztajn (Welche war das? Er kann sich nicht mehr an ihr Gesicht erinnern.) und Zygmunt Frydrych, der Vater Elżunias, der am ersten Tag gesagt hatte: »Du wirst durchkommen, denk also daran, im Kloster von Zamość ...«

Das ist kein symbolisches Grab.

Sie stiegen aus den Kanälen und fuhren nach Zielonka, wo ein Versteck vorbereitet war. Zehn Minuten später kamen die Deutschen. Neben einem Zaun, dort in Zielonka, hatte man sie damals beerdigt, nach dem Kriege war es leicht gewesen, sie zu finden.

Dreißig Meter weiter die Allee hinunter liegen jene, die nach dem Kriege vom Ufer des Bug hierher übergeführt wurden. Sie hatten sich nach dem Ausstieg aus den Kanälen nach Osten wenden, den Fluß überqueren und zu den Partisanen gehen sollen. Als sie mitten auf dem Fluß waren, wurde das Feuer auf sie eröffnet. (Auf der Prosta waren sie aus den Kanälen gekommen. Der Deckel ging auf, und Krzaczek schrie herunter: »Rauskommen!« Aber acht Mann fehlten: Edelman hatte sie in einen größeren Gang gewiesen, als sie nach sechsunddreißigstündigem Warten in dem verschlossenen Schacht keine Luft mehr bekamen, als das fäkaliengeschwängerte Wasser und das Methan sie zu ersticken drohte. Jetzt wollte er sie holen lassen, aber keiner rührte sich weg. Keiner wollte von diesem Schacht weg, wo die Klappe schon offen war, wo es Luft gab und Licht, wo man die Leute reden hörte, die einen dort oben erwarteten. Edelman gab Szlamek Szuster den Befehl, nach jenen anderen zu sehen, und Szlamek lief los. Oben hatten Krzaczek und Kazik das Kommando, und sie riefen, es sei höchste Zeit zur Abfahrt und es würde noch ein zweites Auto kommen, und obwohl Celina den Revolver zog und schrie: »Wartet, oder ich schieße!« ruckte der Lastwagen an und fuhr los. Den Ausstieg aus den Kanälen hatte Kazik organisiert. Neunzehn war er damals gewesen, und was er getan hatte, war eine tolle Leistung. Nur daß er jetzt manchmal aus einer Stadt, die dreitausend Kilometer entfernt liegt, anruft und sagt, er sei an allem schuld, weil er Krzaczek nicht aufgehalten habe. Darauf sagt Edelman, aber nicht doch, großartig habe sich Kazik gehalten, und nur er selber habe die Verantwortung zu tragen, denn er habe die anderen von dem Ausstieg fortgeschickt. Und Kazik – immer aus dieser dreitausend Kilometer entfernten Stadt – meint: »Laß gut sein, an allem sind doch nur die Deutschen schuld.« Und dann setzt er hinzu: »Wie kommt es, daß mich seit damals nie einer nach den Überlebenden gefragt hat? Immer fragt man mich nur nach den Toten.« Dieser Kanalschacht auf der Prosta, im Wohnviertel »Za Żelazną Bramą«, würde sich natürlich auch für den Film anbieten.)

Ganz am Ende der Allee, wo die Gräber zu Ende sind und sich eine mit hohem Gras bewachsene Fläche bis zur Friedhofsmauer an der Powązkowska hinzieht, gibt es keine Tafeln mehr. Hier sind alle begraben, die noch vor der Liquidierung des Ghettos starben – an Hunger, Typhus und Auszehrung, auf der Straße und in verlassenen Wohnungen. Mitarbeiter der Gesellschaft »Ewigkeit« zogen jeden Morgen mit Handwagen aus, lasen die Leichen von der Straße auf, schichteten sie auf die Karren, eine über die andere, fuhren über die Okopowa hinüber auf den Friedhof, der sich auf der arischen Seite befand. Die Allee entlang, bis an die Friedhofsmauer.

Zuerst begrub man sie dort, dann rückte man immer tiefer in den Friedhof vor, bis das ganze Feld belegt war.

Über den Gräbern von Michał Klepfisz, Abrasza Blum und denen aus Zielonka steht ein Denkmal. Ein aufrechter Mann, den Karabiner in der einen, eine Handgranate in der anderen, der erhobenen Hand. Um die Hüften trägt er einen Patronengurt, an der Seite eine Kartentasche, über der Brust einen Riemen. Keiner von ihnen hat so ausgesehen. Sie hatten weder Karabiner noch Patronengurte oder Karten, außerdem waren sie schwarz und schmutzig. Aber auf dem Denkmal ist es, wie es wohl sein muß. Auf dem Denkmal ist es licht und schön.

Neben Abrasza Blum liegt Luba, seine Frau, die im Ghetto die Schwesternschule geleitet hat. Fünf dieser Lebensnummern hatte sie damals erhalten – auf sechzig Schwesternschülerinnen. Sie versprach sie denen, die die besten Noten erhalten würden, und ließ sie die Frage beantworten, wie ein Kranker in den ersten Tagen nach einem Herzinfarkt zu versorgen sei. Die Schülerinnen, die am besten antworteten, erhielten die Nummern.

Nach dem Kriege leitete Luba Blum ein Kinderheim. Dorthin brachte man Kinder, die in Schränken, Klöstern, Kohlenkisten und Familiengrüften aufgefunden worden waren. Sie wurden kahlgeschoren und in die Kleidung der UNRRA gesteckt, dann suchte man ihnen beizubringen, wie man Klavier spielt und beim Essen nicht schmatzt. Ein Mädchen war geboren, nachdem seine Mutter von Deutschen vergewaltigt worden war, und darum hieß es bei den anderen Kindern die »Schwäbin«. Ein anderes war völlig kahlköpfig, denn die Haare waren ihm durch Vitaminmangel ausgegangen, und ein drittes, das auf dem Lande Unterschlupf gefunden hatte, mußte von der Erzieherin mehrfach herzlich gebeten werden, nicht zu erzählen, was die Bauern mit ihm auf dem Dachboden angestellt hatten, denn wohlerzogene junge Mädchen reden in Gesellschaft nicht von solchen Dingen.

Luba Blum – der es im Ghetto daran gelegen war, daß die Schwesternschülerinnen schneeweiße gestärkte Häubchen trugen, und die im Kinderheim immer wieder gemahnt hatte, daß man artig und in ganzen Sätzen antworten muß, wenn jemand fragt, wie der Papa umgekommen ist, denn diese Frager werden wieder nach Amerika fahren und von dort Pakete schicken, viele Pakete mit Kleidern und Halwa – diese Luba Blum liegt in einer gepflegten Hauptallee. Zweigt man davon ab in die Tiefe des Friedhofs, so sieht man ein Dickicht von Strauchwerk, umgestürzte Säulen, eingesunkene Gräber, Grabsteine – achtzehnhundert ... neunzehnhundertdreißig ... Prager Bürger ... Doktor der Rechte ... in untröstlicher Trauer ... Spuren einer Welt, die es in der Tat einmal gegeben hat.

In einer Nebenallee: »Ingenieur Adam Czerniaków, Vorsteher des Warschauer Ghettos. Verstorben am 23. Juli 1942.« Und dazu ein Gedicht Norwids mit den Versen: » ... Sei's drum, welch Urne deine Asche birgt, dereinst wird deine Gruft man wieder öffnen, und dein Werk verdienstlich preisen ... « (»Nur das eine werfen wir ihm vor: daß er seinen Tod zu einer Privatsache gemacht hat.«)

Eine Beerdigung. Der Zug folgt der gepflegten, verkehrsreichen Allee, Menschen, Kränze, Schleifen – vom Veteranenklub, von der Betriebsgewerkschaftsleitung... Ein älterer Mann geht unter den Anwesenden herum und fragt jeden einzelnen in diskretem Flüsterton: »Verzeihung, sind Sie vielleicht Jude?« Zehn Juden braucht er, um das Kaddisch zu sprechen, aber sieben bringt er nur zusammen.

»Bei so viel Leuten?«

»Sie sehen es doch, ich fragte jeden, und es werden nicht mehr als sieben.« Und bedächtig knickt er die Finger um: sieben. Auf dem ganzen Friedhof. Nicht einmal das Kaddisch kann man sprechen.

Die Juden sind auf dem Umschlagplatz, in der Wohnung von Anna Strońska, an der Verladerampe.

Mit Bärten, in Kaftan und Käppchen, einige in rotfuchsverbrämten Mützen, zwei sogar in Piłsudski-Schildmützen... Scharen, wahrhaftig, ganze Scharen von Juden: auf Regalen und Tischen, über der Couch, an den Wänden...

Meine Kollegin Anna Strońska sammelt Volkskunst, und deren Hersteller haben eine Vorliebe für jene Leute, mit denen sie vor dem Kriege Haus an Haus wohnten.

Anna Strońska bringt ihre Juden von überallher mit, aus ganz Polen, aus der Gegend von Kielce, aus Przemyśl, wo sie auch die schönsten Sachen preiswert bekommt, denn ihr Vater ist vor dem Kriege dort Starost gewesen. Die wertvollsten aber stammen aus Krakau. Am zweiten Ostertag findet im Stadtteil Salvator, vor der Kirche der Norbertinerinnen, eine Kirmes statt, und nur dort sind sie noch zu finden: Juden im schwarzen Kaftan, dem Tallith aus weißem Atlas, die Tefillin an der

Stirn – alles ordentlich genäht, genau wie es die Vorschriften verlangen.

In Gruppen stehen sie beisammen.

Die einen sind in lebhafter Unterhaltung begriffen und gestikulieren, einer hat Zeitung gelesen, aber das Gespräch nebenan ist wohl zu laut, denn er hat den Blick gehoben und hört zu. Einige beten. Zwei andere im rostroten Kaftan schütteln sich vor Lachen. Ein älterer Herr mit einem Stock und einem Köfferchen geht vorüber, vielleicht ein Arzt …

Alle sind geschäftig, von ihrer Tätigkeit in Anspruch genommen.

Es sind die Juden von *damals*, bevor alles geschah.

Darum nehme ich Edelman einmal mit dorthin, damit er sich diese normalen Juden ansehen kann. Als wir wieder gehen wollen, sagt Anna Strońska, eine Bekannte, die einige Häuser weiter auf der Miła wohne, habe ihr einen merkwürdigen Traum erzählt.

Es ist stets der gleiche Traum, seit dem Tage, an dem die Bekannte ihre neue Wohnung bezogen hat. Eigentlich weiß sie nicht gewiß, ob es ein Traum ist, denn sie träumt, sie liege wach in ihrem Zimmer, das aber gar nicht ihr Zimmer ist. Alte Möbel stehen da, ein riesiger Kachelofen, in der Wand ist ein blindes Fenster. Da sie allnächtlich in diesem Zimmer ist, hat sie sich an die Einrichtung gewöhnt und unterscheidet bereits Kleinigkeiten, die in den Sesseln und auf der Kredenz zurückgeblieben sind. Manchmal scheint es ihr, als sei jemand im Nebenraum. Dieser Eindruck der Anwesenheit einer fremden Person ist so stark, daß sie aufsteht und nachsieht, ob nicht vielleicht ein Dieb eingestiegen ist, aber nein, es ist nichts.

Eines Nachts sieht sie sich wieder in dem Zimmer, das ihr gehört und andererseits nicht gehört. Alles ist an seinem Platz – der Ofen, die Nippsachen auf der Kredenz. Plötzlich geht die Tür auf, und ein junges Mädchen kommt herein. Eine Jüdin.

Sie tritt immer näher.

Vor dem Bett bleibt sie stehen.

Sie mustern einander aufmerksam. Keine spricht ein Wort, aber jede weiß, was die andere denkt.

Das Mädchen sagt mit seinem Blick: »Aha, Sie sind jetzt hier ...« Und die andere sucht sich zu rechtfertigen: das Haus ist neu, man hat ihr diese Wohnung gegeben ... Das Mädchen macht eine beschwichtigende Geste, es ist ja alles in Ordnung, sie wollte nur sehen, wer jetzt hier ist, Neugier, weiter nichts ... Dann geht sie zum Fenster, öffnet es und stürzt sich aus dem vierten Stock hinunter auf die Straße.

Seit diesem Tag hat sich der Traum nicht wiederholt, und auch das Gefühl, daß sich ein Fremder in der Wohnung aufhält, ist verschwunden.

An solchen und vielen anderen Stätten könnte Wajda seinen Film drehen, aber Edelman sagt, er werde nicht vor der Kamera sprechen, denn er könne das alles nur einmal erzählen.

Und das habe er bereits getan.

»Warum bist du Arzt geworden?«

»Ich muß weitermachen. Mit dem, was ich im Ghetto getan hatte. Für vierzigtausend Menschen – so viele waren es im April 1943 – haben wir damals einen Entschluß gefaßt: Sie sollten nicht freiwillig in den Tod gehen. Als

Arzt konnte ich wenigstens für ein Menschenleben verantwortlich sein, darum habe ich diesen Beruf gewählt.

Das wolltest du von mir hören, nicht wahr? Das klingt doch sehr gut? Aber es war gar nicht so. Der Krieg war zu Ende, ein Krieg, den alle gewonnen hatten. Aber für mich war es ein verlorener Krieg, und ich glaubte immer, noch etwas tun, irgendwohin gehen zu müssen, ich glaubte, jemand warte darauf, daß ich ihn rette. Es trieb mich von Ort zu Ort, von Land zu Land, aber keiner wartete, keiner brauchte meine Hilfe, es gab überhaupt nichts zu tun. Also kehrte ich zurück (sie sagten zu mir: ›Und du willst auf diese Mauern, auf dieses Pflaster, auf diese leeren Straßen schauen?‹, und ich wußte, daß ich hierher gehörte, um all das vor Augen zu haben). Ich kam also wieder, legte mich ins Bett und schlief. Ich verschlief Tage und Wochen. Manchmal weckte man mich und sagte, etwas müsse ich doch tun, etwas müsse aus mir werden, ich verfiel auf die Ökonomie, an den Grund erinnere ich mich nicht, aber dann schrieb mich Ala für Medizin ein. Also studierte ich Medizin.

Ala war damals schon meine Frau. Ich hatte sie kennengelernt, als sie mit einer Patrouille zu uns kam. Die hatte Dr. Świtala von der AK losgeschickt, um uns aus einem Bunker in Żoliborz herauszuholen. Nach dem Warschauer Aufstand sind wir dort in der Promyk-Straße geblieben – unter anderem Antek, Celina, Tosia Goliborska und ich. Im November schickten sie dann diese Patrouille, um uns zu holen. (Die Promyk-Straße liegt gleich an der Weichsel, die damals noch die Frontlinie bildete. Alles war vermint, Ala zog die Schuhe aus und ging barfuß über das Minenfeld, weil sie dachte, dann würden die Dinger nicht hochgehen.)

Ala hatte mich für Medizin eingeschrieben, ich ging also hin, obwohl es mich nicht im geringsten interessierte. Wenn wir nach Hause kamen, warf ich mich wieder aufs Bett. Alle lernten fleißig, und weil ich mit dem Gesicht zur Wand lag, zeichneten sie mir verschiedene Dinge vor die Nase, damit wenigstens etwas hängenblieb. Einen Magen zeichneten sie, ein Herz, mit aller Sorgfalt übrigens, Kammern und Vorkammern, die Aorta...

Das ging so an die zwei Jahre – hin und wieder setzte man mich auch mal an einen Präsidiumstisch...«

»Du hattest schon den Status eines Helden?«

»So was in der Art. Oder man sagte: ›Erzählen Sie mal, erzählen Sie, wie es gewesen ist.‹ Ich aber war eher zurückhaltend, und so schnitt ich schwach ab in diesen Präsidien.

Weißt du, woran ich mich aus dieser Zeit am besten erinnern kann?

An den Tod Mikołajs. Er war Mitglied der ›Żegota‹ (des Rates der Hilfe für die Juden) gewesen, der Vertreter unserer Untergrundorganisation.

Mikołaj wurde krank und starb.

Verstehst du das? Er starb. Ganz normal, in einem Krankenhaus, im Bett! Der erste meiner Bekannten, der nicht umgebracht wurde, sondern starb! Am Tag zuvor hatte ich ihn besucht, und er hatte gesagt: ›Herr Marek, wenn mir etwas zustoßen sollte, dann ist hier unter dem Kopfkissen ein Heft. Alles ist genau aufgeführt, bis auf den Groschen. Falls noch mal einer danach fragt, dann merken Sie sich, daß der Saldo stimmt und sogar ein Überschuß vorhanden ist.‹

Weißt du, was das war?

Ein dickes Heft in einem schwarzen Umschlag. Darin

hatte er den ganzen Krieg über Buch geführt, wofür wir die Dollars ausgegeben haben. Das Geld, das sie abgeworfen hatten, damit wir Waffen kaufen konnten. An die fünfzig Dollar waren noch übrig, sie steckten auch in dem Heft.«

»Hast du das Restgeld und das Heft nicht den Gewerkschaftsbossen ausgehändigt, als sie dich im Jahre 63 tiefbewegt als Gast begrüßten?«

»Ich habe es überhaupt nicht aus dem Krankenhaus mitgenommen. Als ich die Geschichte Antek und Celina erzählte, haben wir furchtbar gelacht – über das Heft, über Mikołaj, der so komisch starb, in sauberer Wäsche, in einem Bett. Wir sind regelrecht geplatzt vor Lachen, bis uns Celina daran erinnerte, daß sich das nicht gehörte.«

»Haben sie später aufgehört, dir diese Herzen vor die Nase zu malen?«

»Ja. Eines Tages kam ich zu einer Vorlesung (sicher nur, um die Anwesenheitsliste zu unterschreiben) und hörte den Professor sagen: ›Weiß der Arzt erst einmal, wie das Auge des Kranken, wie Haut und Zunge aussehen, dann muß er auch wissen, was diesem Menschen fehlt.‹ Das gefiel mir. Die Krankheit des Menschen als verstreutes Puzzlespiel. Setzt man es richtig zusammen, so erfährt man, was in dem Menschen ist.

Von diesem Zeitpunkt an befaßte ich mich mit der Medizin, und seither mag das stimmen, womit du eigentlich anfangen wolltest und was ich viel, viel später begriffen habe: daß ich als Arzt auch weiterhin für das menschliche Leben Verantwortung tragen kann.«

»Warum mußt du das eigentlich: für das menschliche Leben Verantwortung tragen?«

»Sicher deshalb, weil mir alles andere nicht so wichtig erscheint.«

»Vielleicht geht es darum, daß du damals zwanzig warst? Wer die wichtigsten Momente seines Lebens in diesem Alter durchmacht, findet später schwer eine gleichermaßen sinnvolle Beschäftigung...«

»Weißt du, in der Klinik, in der ich später arbeitete, gab es eine große Palme. Manchmal blieb ich unter ihr stehen und blickte zu den Sälen, in denen meine Patienten lagen. Damals hatten wir noch nicht die heutigen Medikamente, Methoden und Geräte – die meisten dieser Menschen auf meinen Sälen waren Todgeweihte. Meine Aufgabe bestand darin, möglichst viele von ihnen zu retten, und einmal – dort unter dieser Palme – kam ich darauf, daß es keine andere Aufgabe war als jene vom Umschlagplatz. Da hatte ich auch am Tor gestanden und Leute aus der Schar der Verurteilten herausgeholt.«

»Also stehst du dein Leben lang an diesem Tor?«

»Eigentlich ja. Und wenn sich für mich nichts mehr tun läßt, so bleibt mir eines: ihnen ein anständiges Sterben zu gewährleisten. Sie sollen nicht wissen, nicht leiden, keine Angst haben. Es soll für sie keine Erniedrigung geben.

Sie müssen sterben dürfen, ohne so zu werden wie jene anderen im dritten Stockwerk auf dem Umschlagplatz.«

»Man hat mir erzählt, alltägliche oder ungefährliche Fälle würden von dir zwar pflichtschuldigst behandelt, aber richtig warm würdest du im Grunde erst, wenn das Wagnis beginnt, der Wettlauf mit dem Tod.«

»Darin besteht ja meine Rolle. Der Herrgott macht sich daran, das Licht auszublasen, und ich muß es rasch beschirmen, wenn er mal einen Moment nicht aufpaßt.

Soll es wenigstens ein bißchen länger brennen, als er es gewollt hat.

Das ist wichtig, denn so sehr gerecht ist Er nämlich auch wieder nicht. Angenehm ist es obendrein, denn wenn alles gut geht, hat man immerhin Ihm ein Schnippchen geschlagen...«

»Ein Wettkampf mit dem Herrgott? Was für eine Anmaßung!«

»Weißt du, wenn einer anderen Menschen das Geleit zu den Waggons gegeben hat, dann kann er mit Ihm durchaus etwas abzumachen haben. Alle sind sie an mir vorübergezogen, denn ich stand am Tor, vom ersten bis zum letzten Tag. Alle sind an mir vorübergezogen, und es waren vierhunderttausend Menschen.

Selbstverständlich hat jedes Leben sein Ende, aber es geht darum, die Urteilsvollstreckung hinauszuschieben. Um acht, zehn oder fünfzehn Jahre. Das ist durchaus nicht wenig. Als die Tochter der Frau Tenenbaum dank der Nummer noch drei Monate lebte, hielt ich das für viel, denn in diesen drei Monaten war es ihr vergönnt zu erfahren, was Liebe ist. Und den Mädchen, die wir von der Stenose und den Herzklappenfehlern geheilt haben, war es vergönnt, erwachsen zu werden, zu lieben und Kinder zu bekommen, ihnen glückte viel mehr als der Tochter der Frau Tenenbaum.

Da war die neunjährige Urszula. Sie hatte eine Verengung der Pulmonalklappen, spie rosafarbenen Schaum und bekam keine Luft. Aber wir operierten damals noch keine Kinder. In Polen hatte man überhaupt gerade erst begonnen, Herzfehler zu operieren. Das Mädchen lag schon im Sterben, ich rief den Professor an und sagte, die Kleine würde jeden Moment ersticken. Nach zwei Stunden kam er mit dem Flugzeug und operierte noch am selben Tag. Sie kam schnell auf die Beine, wurde entlassen, besuchte die Schule.. . Manchmal kommt sie zu uns, mal verheiratet, mal geschieden, sie ist hübsch, groß und schwarzhaarig. Früher entstellte ein leichtes Schielen ihr Gesicht, wir haben sie von einem sehr guten Augenarzt operieren lassen, und so ist auch das in Ordnung gekommen.

Dann hatten wir Teresa mit ihrem Herzfehler. Sie war aufgedunsen wie ein Faß, es stand schlimm um sie. Kaum waren die Ödeme zurückgegangen, da sagte sie: ›Bitte entlassen Sie mich nach Hause.‹ Von diesem Zuhause hatte sich die ganze Zeit niemand sehen lassen. Ich schaute es mir an – eine Ladenstube mit Zementfußboden. Sie wohnte dort mit ihrer kranken Mutter und zwei jüngeren Schwestern. Zehn war sie damals, als sie nach Hause wollte, weil sie sich um diese Schwestern kümmern mußte. Und so ging sie. Später bekam sie ein Kind, nach der Niederkunft hatten wir sie wieder hier mit einem Lungenödem. Kaum daß sie wieder Luft holen konnte, sagte sie, nun müsse sie nach Hause, sich um das Kind kümmern. Auch sie kommt manchmal zu Besuch und sagt, alle ihre Wünsche seien in Erfüllung gegangen, sie habe ein Zuhause, ein Kind und einen Mann, am wichtigsten aber finde sie, daß sie aus dem Loch hinter dem Laden heraus sei.

Nachher hatten wir Grażyna aus einem Kinderheim. Ihre Eltern waren tot: die Mutter war an Tuberkulose, der Vater, ein Alkoholiker, in einer Anstalt für Geisteskranke gestorben. Ich sagte ihr, sie dürfe keine Kinder bekommen, aber sie hörte nicht und kam mit Kreislaufschwäche zu uns zurück. Sie wird immer schwächer, kann nicht mehr arbeiten, kann ihr Kind nicht einmal auf den Arm nehmen, aber spazieren fährt sie es, stolz, ein Kind zu haben wie eine normale Frau. Ihr Mann liebt sie sehr und läßt einen Eingriff nicht zu, wir aber haben nicht den Mut, darauf zu bestehen, und so erlischt Grażyna ganz sacht.

Vielleicht erzähle ich nicht gut, aber ich erinnere mich auch nicht mehr genau. Das ist seltsam. Wenn sie da sind, wenn es ihnen schlecht geht, wenn sie Hilfe brauchen, dann steht dir niemand auf der Welt so nahe, und du weißt alles von ihnen: zu Hause haben sie Steinfußboden, der Vater trinkt, die Mutter ist geisteskrank, in der Schule gibt es Ärger in Mathematik, der Mann paßt überhaupt nicht zu ihr, an der Hochschule sind gerade Prüfungen, also muß man sie mit einem Taxi hinschicken – und eine Schwester mit Medikamenten dazu... Du weißt auch alles von ihrem Herzen: die Öffnung der Aortenklappe ist zu eng oder zu weit (ist sie zu eng, so ist die Durchblutung mangelhaft – ist sie zu weit, dann staut sich das Blut und strömt nicht in den Kreislauf), du schaust sie an, und ist sie so hübsch, so zart und rosig, dann weißt du, das Blut staut sich im Kreislauf und die kleinen Gefäße unter der Haut haben sich erweitert. Ist sie jedoch bleich und pulsieren ihre Halsschlagadern, dann ist die Öffnung der Aorta zu weit... Du weißt alles von ihnen, und in diesen paar Tagen der tödlichen Gefahr gibt es keinen, der dir näher stünde als sie. Aber dann bessert sich ihr Zustand, sie werden entlassen, du vergißt ihre Gesichter. Andere werden eingeliefert, die nun wichtiger sind.

Vor einigen Tagen brachte man eine Siebzigjährige mit Herzinsuffizienz. Der Professor operierte sie, es war wirklich ein riskanter Eingriff – bei akuter Kreislaufschwäche. Während der Narkose betete sie: ›Lieber Gott, segne die Hände des Herrn Professors und die Gedanken der Ärzte vom Pirogow-Spital.‹ (Die Ärzte vom Pirogow-Spital – das sind wir, Aga Żuchowska und ich.)

Nun sag doch mal selber: Wem außer dieser alten Frau, meiner Patientin, könnte es einfallen, für meine Gedanken zu beten?«

Ist es nicht höchste Zeit, alles ein bißchen zu ordnen? Man wird von uns schließlich einige Angaben verlangen: Zahlen, Daten, Truppenstärken, Bewaffnung. Die Leute legen großen Wert auf die historischen Tatsachen und den zeitlichen Ablauf.

Ein Beispiel: Auf der einen Seite stehen 220 Aufständische, auf der anderen 2090 Deutsche.

Die Deutschen haben Flugzeuge, Artillerie, Panzerfahrzeuge, Minenwerfer, 82 Maschinengewehre, 135 Maschinenpistolen und 1358 Karabiner. Auf einen Aufständischen (wir wissen es aus dem Bericht des stellvertretenden Kommandanten) kommen 1 Revolver, 5 Granaten und 5 Brandflaschen. Auf jeden Abschnitt 3 Karabiner. Das ganze Ghetto hat 2 Minen und 1 Maschinenpistole.

Die Deutschen rücken am 19. April um vier Uhr an. Die ersten Kämpfe: Muranowski-Platz, Zamenhof-Straße, Gęsia. Um zwei Uhr nachmittags ziehen sich die Deutschen zurück, ohne auch nur einen Menschen auf den Umschlagplatz gebracht zu haben. (»Wir hielten das damals für sehr wichtig, daß sie an diesem Tag niemanden abtransportiert haben. Wir hielten es sogar für einen Sieg.«)

20. April: Bis mittags keine Deutschen (vierundzwanzig Stunden kein einziger Deutscher im Ghetto!). Um zwei Uhr kommen sie wieder. Sie rücken zum Gelände der Bürstenfabrik vor und versuchen, das Tor aufzubrechen. Eine Mine geht hoch, die Deutschen ziehen sich zurück. (Das war die eine der beiden Minen, die sie im Ghetto hatten. Die andere, auf der Nowolipie-Straße, ist nicht losgegangen.) Die Aufständischen dringen über einen Dachboden, Michał Klepfisz deckt sie mit seinem Körper vor einem deutschen MG, und sie kommen durch. Später meldet der Rundfunksender »Świt«, Michał habe auf dem Feld der Ehre den Tod gefunden, dann wird ein Befehl Sikorskis verlesen, der dem Gefallenen den Orden Virtuti Militari V. Klasse verleiht.

Jetzt die Szene mit den drei SS-Offizieren. Mit weißen Armbinden und gesenkten Maschinenpistolen bieten sie eine Waffenruhe und den Abtransport der Verwundeten an. Die Aufständischen schießen auf die Offiziere, treffen aber nicht.

»The Wall«, das Buch des amerikanischen Schriftstellers John Hersey, beschreibt diese Szene sehr genau.

Felix, einer der imaginären Helden, berichtet nur zögernd, voller Hemmungen davon. In ihm schlummere noch – so schreibt der Autor – die für westeuropäische Traditionen so typische Verbundenheit mit den Regeln des Kriegsspiels, der Beachtung des *fair play* auch im Kampf auf Leben und Tod ...

Zygmunt war es, der auf die SS-Leute schoß. Sie hatten nur einen Karabiner, und Zygmunt war der beste Schütze, er hatte vor dem Kriege gerade noch seinen Militärdienst abgeleistet. Edelman sah die Offiziere mit den weißen Binden kommen und sagte: »Schieß!« Und Zygmunt schoß.

Edelman ist als einziger Teilnehmer dieser Szene noch am Leben – jedenfalls von der Seite der Aufständischen. Ich frage ihn, ob er Hemmungen verspürt habe, als er gegen die für westeuropäische Traditionen so typische Regel des *fair play* verstieß.

Er verneint: Kein anderer als diese Deutschen hatten bereits vierhunderttausend Menschen nach Treblinka verschleppt. Daran änderte sich auch dadurch nichts, daß sie im Augenblick gerade mal weiße Armbinden trugen...

(Stroop erwähnt in seinem Bericht sowohl diese Parlamentäre als auch die »Banditen«, die das Feuer eröffnet hatten.

Bald nach dem Krieg bekam er Stroop zu Gesicht.

Die Staatsanwaltschaft und die Kommission zur Aufklärung der Naziverbrechen hatten ihn gebeten, bei der Gegenüberstellung mit Stroop zu bestimmten Einzelheiten auszusagen, zu topographischen Details: verlief hier die Mauer, befand sich dort ein Tor...

Sie saßen an einem Tisch – der Staatsanwalt, der Vertreter der Kommission und er. »Ein hochgewachsener Mann wurde hereingeführt, sorgfältig rasiert, in blanken Stiefeln. Er nahm Haltung vor uns an – auch ich stand auf. Der Staatsanwalt sagte Stroop, wer ich sei, Stroop stand stramm, schlug die Hacken zusammen und drehte den Kopf in meine Richtung. Beim Militär nennt man das ›Ehrenbezeigung‹ oder so. Ich wurde gefragt, ob ich gesehen hätte, wie er Menschen umbrachte. Ich sagte, ich hätte den Mann nie gesehen, dies sei das erste Mal. Dann wurde ich gefragt, ob es möglich sei, daß sich hier das Tor befunden habe und daß von dort die Panzer gekommen seien. Das nämlich behaupte Stroop, aber ihnen scheine da etwas nicht zu stimmen. Ich sagte: ›Es ist möglich, daß sich hier das Tor befunden hat und daß von dort die Panzer gekommen sind.‹ Es war mir peinlich. Dieser Mann da stand vor mir stramm, ohne Koppel, und ein Todesurteil hatte er schon weg. Welche Bedeutung hatte es, wo Mauer oder Tor gewesen waren, ich wollte so schnell wie möglich fort aus diesem Zimmer.«)

Die Parlamentäre zogen sich zurück (Zygmunt hatte leider nicht getroffen), und am Abend gingen sie alle in den Keller.

In der Nacht kommt ein junger Bursche hereingestürzt und schreit, es brenne. Eine Panik bricht aus...

Verzeihung. »Ein junger Bursche kommt hereingestürzt und schreit...« – das ist kein seriöser historischer Bericht. Ebensowenig wie die Mitteilung, daß nach dem Schrei des Burschen ein paar tausend Leute in den Kellern vor panischem Schrecken aufspringen, daß Staubwolken aufwirbeln, Kerzen verlöschen und der Schreier schleunigst zur Ordnung gerufen werden muß. Das geht alles zu sehr ins Detail, als daß es der Geschichtsschreibung von Nutzen wäre... Bald beruhigen sich die Leute wieder: sie sehen, daß jemand die Sache in der Hand hat. (»Die Menschen müssen immer den Eindruck haben, daß jemand die Sache in der Hand hat.«)

Die Deutschen fangen also an, das Ghetto in Brand zu stecken. Das Gelände um die Bürstenfabrik steht in Flammen, es bleibt nichts weiter übrig, als sich durch diese Feuersbrunst ins zentrale Ghetto durchzuschlagen.

Wenn ein Haus in Flammen steht, brennen zuerst die Decken und Fußböden, dann stürzen die glühenden Balken herab. Zwischen den einzelnen Balken vergehen mehrere Minuten, und in dieser Zeit muß man darunter durchlaufen. Es ist eine entsetzliche Glut, Glasscherben und Asphalt schmelzen einem unter den Füßen. Unter den herunterprasselnden Balken laufen sie durch die Flammen. Eine Mauer. In der Mauer eine Bresche, grell beleuchtet von einem Scheinwerfer. »Da gehen wir nicht mit.« – »Dann bleibt ihr eben ...« Ein Schuß auf den Scheinwerfer, Laufen. Ein Hof, sechs Mann. Schüsse. Laufen. Fünf Mann, ein Grab. Stasiek, Adam, die Internationale ...

Noch etwas: Am selben Tag, als das Grab ausgehoben und leise die erste Strophe gesungen wurde, hatte es sich als notwendig erwiesen, durch die Kellergänge in ein anderes Haus hinüberzugelangen. Vier Mann waren losgegangen, um den Durchbruch herzustellen, aber oben standen die Deutschen und warfen Granaten herunter. Rauch und Qualm begannen herüberzudringen, deshalb gab er Befehl, die Öffnung sofort zuzuschütten. Einer der Burschen steckte noch drinnen, aber die Menschen bekamen keine Luft mehr, und darum konnten sie nicht auf ihn warten.

Da haben wir also einen präzisen Ablauf, nun wissen wir: Zuerst fiel Michał Klepfisz, dann die sechs, dann die fünf, dann Stasiek, dann Adam, dann der Junge, den sie verschütten mußten. Und noch einige hundert Leute aus dem Bunker, aber das war ein wenig später, als schon das ganze Ghetto brannte und alle in die Keller gegangen waren. Dort war es furchtbar heiß, und eine Frau ließ ihr Kind für einen Moment hinaus. Die Deutschen gaben ihm ein Bonbon, fragten: »Wo ist denn die Mutti?«, das Kind führte sie hin, und die Deutschen sprengten alles in die Luft, ein paar hundert Menschen. »Danach haben wir gesagt, man hätte dieses Kind in dem Moment, in dem es hinauslief, erschießen müssen. Aber auch das wäre nutzlos gewesen, die Deutschen besaßen Lauschgeräte und hätten die Leute auch so aufgestöbert.«

Ja, das war der chronologische Ablauf der Ereignisse.

Der historische Ablauf ist, wie sich zeigt, nicht mehr als eine Reihenfolge des Sterbens.

Geschichte entsteht auf der anderen Seite der Ghettomauer, dort, wo Berichte verfaßt werden, Funksprüche in die Welt gehen, von der Welt Hilfe gefordert wird. Jeder Fachmann heute weiß, was in den Depeschen und Noten der Regierungen stand. Aber wer weiß etwas von dem jungen Menschen, der verschüttet werden mußte, weil Rauchschwaden in den Keller drangen? Wer weiß heute etwas von diesem Jungen?

»Wacław« ist es gewesen, der auf der arischen Seite die Meldungen über das Ghetto schrieb. Zum Beispiel: »Kommuniqué Nr. 3 Wac. A/9, 21. April: Die ŻOB, die den Kampf des Warschauer Ghettos führt, hat das deutsche Ultimatum, bis Dienstag 10 Uhr die Waffen niederzulegen, abgelehnt... Die Deutschen setzen Feldartillerie, Panzer und Panzerfahrzeuge ein. Die Belagerung des Ghettos und der Widerstand der jüdischen Kämpfer ist fast das einzige Gesprächsthema in der Millionenstadt...«

Vorher hatte »Wacław« Meldungen über die Liquidierung des Ghettos gesendet: Von ihm erfuhr die Welt von dem Umschlagplatz, von den Transporten und Gaskammern, von Treblinka. »Wacław« – Henryk Woliński – wird in jedem Buch, in jeder wissenschaftlichen Arbeit über das Ghetto erwähnt. Er leitete das Jüdische Referat im Hauptkommando der AK, über ihn liefen die Kontakte zur ŻOB. Er war es, der dem Oberkommandierenden die erste Deklaration über die Gründung der ŻOB übermittelte, und von ihm erhielt Jurek Wilner den Befehl General Grot-Roweckis, der diese Kampfgruppe der Heimatarmee unterstellte. »Wacław« führte Begegnungen der Juden mit General Monter und Offizieren herbei, die ihnen später Waffen lieferten und sie daran ausbildeten. Den häufigsten Unterricht gab Zbigniew Lewandowski, Pseudonym »Szyna«, Stellvertreter des Kommandeurs der Warschauer Diversionsabteilung und Chef des Büros für Technische Forschung der AK. Er berichtet, zu seinen »Stunden« seien aus dem Ghetto nur zwei Personen gekommen, eine Frau und ein Mann. Das hatte ihn anfangs bekümmert, aber dann zeigte sich, daß der Mann Chemiker war, sich rasch in die Dinge hineinfand und »Szynas« Instruktionen den Kameraden im Ghetto weitervermittelte. Neben den Instruktionen erhielten sie auch Kaliumchlorat. Schwefelsäure, Benzin, Papier, Zucker und Leim fügten sie selbst hinzu, und auf diese Weise stellten sie Brandflaschen her. »Molotow-Cocktails?« will ich mich vergewissern, doch Dozent Lewandowski ist beleidigt: »Gar kein Vergleich. Mit unseren Flaschen mußte man sorgsam umgehen, sie waren raffiniert, mit diesem Chlorat überzogen und mit Papier überklebt. Zündpunkte trugen sie über die ganze Oberfläche verteilt. Wirklich, das war eine raffinierte, elegante Sache, die neueste Errungenschaft des Büros für Technische Forschung der AK. Überhaupt alles«, sagt »Szyna«, »alles, was wir der ŻOB gaben, Brandsätze, Leute und Waffen, waren vom Besten, was wir damals geben konnte.«

Dozent Lewandowski weiß bis heute nicht den Namen des Mannes, der damals in die Marszałkowska 62 (linkes Hinterhaus, Parterre) kam. »Groß war er, schlank und dunkelblond«, sagt er. »Keiner von diesen Prahlhänsen, sondern still und besonnen. Aber«, so fügt der Dozent gleich hinzu, »bei besonders gefährlichen Aktionen waren ja nicht die Prahlhänse die besten, sondern eben die Unscheinbaren.«

Ich sage es ihm also: Der Mann damals hieß Michał Klepfisz.

Zusammen mit Stanisław Herbst beschrieb »Wacław« den Verlauf der ersten großen Liquidierungsaktion im Ghetto, ein Kurier brachte den Mikrofilm mit diesem Bericht über Paris und Lissabon an den Bestimmungsort (kurz vor Heiligabend 1942 quittierte General Sikorski den Empfang). Jurek Wilner, der die ŻOB auf der arischen Seite vertrat, brachte täglich Nachrichten aus dem Ghetto, dadurch waren die nach London abgesetzten Funksprüche stets aktuell. Zum Beispiel:

»... Wahnsinnige Panikstimmung: ab 6.30 Uhr beginnt die Aktion. Jeder muß damit rechnen, daß man ihn zu jeder Zeit, an jedem Ort fassen kann ...

... Die letzte Phase der Liquidierung hat am Sonntag begonnen. An diesem Tage hatten sich alle Juden um 10 Uhr vor dem Sitz des Judenrats einzufinden. Hier begann man mit der Ausgabe von Nummern, die das Leben garantieren sollten und die jeder auf der Brust zu tragen hatte. Es handelt sich um gelbe Kärtchen mit einer handgeschriebenen Zahl, dem Stempel des Judenrats und einer Unterschrift. Nummern ohne Namen...

... In der vergangenen Woche wurden auf dem Umschlagplatz für ein Kilogramm Brot 1000 (tausend) Złoty, für eine Zigarette 3 Źloty gezahlt ...

... Als Seweryn Majde abgeholt wurde, schleuderte er einem der Gendarmen einen schweren Aschenbecher vor den Kopf. Majde wurde erschossen. Er ist der einzige bekannte Fall bewußter Gegenwehr...

... Reisende, die Treblinka passieren, teilen mit, daß auf dieser Station keine Züge halten ...«

Und so geht es Tag für Tag: Wilner bringt Nachrichten aus dem Ghetto – »Wacław« verfaßt die Berichte – die Funker geben sie nach London weiter. Und gegen jeden bisherigen Brauch sendet der Londoner Rundfunk keinerlei Meldung zu diesem Thema. Die Funker fragen auf Befehl ihrer Vorgesetzten nach dem Grund, die BBC hüllt sich in Schweigen. Erst nach einem Monat bringt sie in ihrem Nachrichtendienst eine erste Information über die zehntausend Menschen pro Tag und über den Umschlagplatz. London hatte – wie sich später herausstellte – »Wacławs« Berichten keinen Glauben geschenkt. »Wir dachten, ihr übertreibt ein wenig in der antideutschen Propaganda ...«, rechtfertigten sie sich, nachdem sie aus eigenen Quellen die Bestätigung hatten ...

Außer diesen Nachrichten brachte Jurek Wilner aus dem Ghetto auch bereits fertige Telegrammtexte. Jenen zum Beispiel, der an den Jüdischen Kongreß in den USA gerichtet ist und mit den Worten endet: »Brüder! Die letzten Juden in Polen leben in der Überzeugung, daß Ihr uns in den furchtbarsten Tagen unserer Geschichte im Stich gelassen habt. Gebt uns Antwort. Das ist unser letzter Appell an Euch.«

Im April 1943 übergibt »Wacław« Antek, dem Vertreter des Stabs der ŻOB, einen Befehl General Monters, in dem »der bewaffnete Aufstand der Warschauer Juden begrüßt« wird. Später teilt er mit, die AK werde versuchen, von der Bonifraterska und vom Friedhof Powązki her die Ghettomauer zu durchbrechen.

»Wacław« weiß bis heute nicht, ob diese letzte Mitteilung überhaupt ins Ghetto gelangte, aber sie mußte es wohl, Anielewicz hatte ja von einem bevorstehenden Angriff gesprochen, sie hatten sogar einen ihrer Leute losgeschickt, der aber nicht durchkam (er wurde auf der Miła verbrannt, den ganzen Tag hörten sie ihn schreien), und der Augenblick, da Anielewicz die Mitteilung bekam, war wohl der einzige, in dem er wieder Hoffnung gewann, obwohl sie ihm gleich sagten, daß daraus nichts werden, daß dort keiner durchkommen würde.

Auf der Miła schrie der brennende Junge, und auf der anderen Seite der Mauer lagen auf der Fahrbahn zwei Jungs, die die 50-Kilo-Sprengladung hatten anbringen sollen. Zbigniew Młynarski, Pseudonym »Kret«, sagt, dies eben sei das Verhängnis gewesen: daß die beiden gleich gefallen seien und keiner mehr mit der Ladung an die Mauer kam.

»Die Straße war leer, die Deutschen beschossen uns von allen Seiten. Das Maschinengewehr auf dem Dach des Spitals, das vorher das Ghetto beschossen hatte, kehrte sich jetzt gegen uns. Im Rücken, auf dem Krasiński-Platz, hatten wir eine ganze Kompanie der SS. Pszenny zündete also die Mine, mit der die Ghettomauer hochgehen sollte – sie explodierte auf der Straße und zerfetzte unsere beiden Leute. Wir mußten uns zurückziehen.«

»Heute«, sagt Herr Młynarski, »weiß ich es besser: wir hätten ins Ghetto gehen, die Sprengladung von innen zünden müssen. Unsere Leute hätten draußen gewartet und den Aufständischen herausgeholfen.«

Bloß ... Wenn man es recht bedenkt – wie viele wären denn gekommen? Ein reichliches Dutzend, mehr nicht. Und ob sie überhaupt heraus wollten?

»Für sie«, sagt Herr Młynarski, »für sie war das eine Sache des Prestiges. Sie kam spät, diese schmerzliche Tat, aber sie kam. Und das ist gut, denn dadurch blieb den Juden wenigstens die Ehre gewahrt.«

Genau so sagt es Henryk Grabowski, in dessen Wohnung Jurek Wilner Waffen lagerte und der ebendiesen Jurek dann bei der Gestapo herausgeholt hat:

»Diese Menschen wollten gar nicht leben, und es ist ihnen positiv anzurechnen, daß sie diesen gesunden Verstand hatten und im Kampf sterben wollten. Denn wenn einem der Tod ohnehin sicher ist, dann ist es besser, mit der Waffe zu sterben als auf verächtliche Weise.«

Daß es besser ist, mit der Waffe zu sterben, hat Herr Grabowski begriffen, damals, bei seiner Festnahme vor dem Ghetto, als er mit einem Bündel Briefe von Mordka kam. »Verzeihung«, korrigiert er sich, »von Mordechaj. Soviel Achtung muß man dem Rang und der Funktion schon zollen.« Damals, als sie ihn an die Wand stellten und er die Mündung vor sich hatte, sehen Sie, so, in Höhe des Kristallglases auf der Kredenz, damals, als er dachte: Wenn ich diesen Schwaben wenigstens zwischen den Zähnen hätte, wenn ich ihm die Augen auskratzen könnte ... (Zum Glück war ein Dunkelblauer, einer von der polnischen Polizei, dabei gewesen, Herr Wisłocki, zu dem er sagte: »Schön, Herr Wisłocki, tun Sie, was Sie nicht lassen können, aber denken Sie dran, ich bin nicht allein. Daß Sie nur nachher keinen Ärger kriegen ...« Und Herr Wisłocki begriff sogleich, und sie ließen ihn laufen.)

Mit Mordka war Herr Grabowski seit Jahren bekannt gewesen, vor dem Kriege schon: »Er war doch einer von uns, von hier unten aus Powiśle. Eine Clique sind wir gewesen, bei allen Raufereien und krummen Dingern, bei den Schlägereien mit den Burschen von Wola und Mokotów, immer waren wir zusammen.«

Es war die gleiche Armut, dic da herrschte – bei der Mutter von Anielewicz nicht anders als bei der von Grabowski. Jene handelte mit Fisch, diese mit Backwaren, und wenn sie an einem Tag zehn Brote, vierzig Semmeln und ein bißchen Suppengrün los wurde, dann war das viel.

Schon damals im Stadtviertel Powiśle war klar, daß Mordka kämpfen konnte, und so wunderte sich Herr Grabowski gar nicht, als er ihn – dann schon als Mordechaj – im Ghetto wiedertraf. Im Gegenteil, ihm erschien das ganz natürlich, wer sollte denn am Ende Kommandant sein, wenn nicht einer von ihnen aus Powiśle! (Mordechaj sagte ihm damals, was er den Jungs in Wilna zu übermitteln hatte: Sie sollten Geld, Waffen und gesunde, zu allem entschlossene Männer beschaffen.)

Vor dem Krieg war Herr Grabowski bei den Pfadfindern gewesen, alle Kameraden seiner Gruppe waren in Palmiry erschossen worden, alle fünfzig, nur er hatte überlebt und nun von seinen Vorgesetzten den Befehl erhalten, nach Wilna zu fahren und die Juden für den Kampf auszubilden.

In der Gegend von Wilna lernte Herr Grabowski Jurek Wilner kennen. Dort gab es ein Kloster der Dominikanerinnen, deren Oberin mehrere Juden versteckt hielt. (Ich habe meinen Ordensschwestern gesagt: »Denkt an die Worte Christi: ›Niemand hat größere Liebe denn die, daß er sein Leben läßt für seine Freunde.‹« Und sie haben das verstanden.)

Jurek Wilner war der Liebling der Mutter Oberin: Der

blonde Junge mit den blauen Augen erinnerte sie an ihren Bruder, der deportiert worden war. Sie sprachen oft miteinander – sie erzählte ihm von Gott, er ihr von Marx, und als er nach Warschau fuhr, ins Ghetto, aus dem es für ihn keine Rückkehr mehr geben sollte, hinterließ er ihr seinen wertvollsten Besitz: ein Heft mit Gedichten. Darin hatte er niedergeschrieben, was ihm am liebsten und wichtigsten war. Die Oberin hat das braune Wachstuchheft mit den vergilbten Blättern, beschrieben von der Hand Jureks (diesen Namen hatte sie sich für ihn ausgedacht), bis heute aufbewahrt. »Das Buch hat viel mitgemacht. Besuche der Gestapo, Lager und Zuchthaus ... Ich möchte es vor meinem Tod in würdige Hände geben.«

Aus dem Heft Jurek Wilners:

Sieh nicht hin – nein – wirf keinen Blick voraus
(Stiefel – Stiefel – im Gleichschritt auf und ab)
Menschen – Menschen – verzweifelt von dem Anblick
        Du hast im Kriege keine Atempause
Mach den Versuch und denke – denk an früher
        – an etwas anderes
O Gott, mein Gott – bewahr mich vor dem Wahnsinn!
(Stiefel – Stiefel – im Gleichschritt auf und ab)
        Man hat im Kriege keine Atempause
Hunger – Kälte – Durst – auch Schwäche –
        das ist auszuhalten
Aber nie mehr – niemals – nie
        dies unentrinnbare Gesicht
(Stiefel – Stiefel – im Gleichschritt auf und ab)
        Es gibt im Kriege keine Atempause

Dort jedenfalls hatte ihn Herr Grabowski kennengelernt, und bei ihm in der Podchorážy-Straße wohnte Jurek auch, als er nach Warschau kam. Alle Juden, die aus Wilna kamen, stiegen zuerst bei Herrn Grabowski ab, und er ging mit ihnen sofort auf den Basar, um passende Kleidung zu kaufen. »Damals waren Skimützen modern, solche Mützen mit einem kleinen Schild, aber die standen ihnen nicht, die Nase wurde dadurch so seltsam betont. Also habe ich gesagt: Schiebermützen bitte sehr, Hüte bitte sehr, aber Skimützen auf keinen Fall.« Auch ihr Benehmen, sogar den Gang korrigierte er, damit sie sich »ohne jüdischen Akzent« bewegten.

Herr Grabowski hat damals eine sehr interessante Beobachtung gemacht: Je mehr Angst einer hatte, um so häßlicher sah er aus – das Gesicht wirkte verzerrt und entstellt. Solche aber wie Wilner und Anielewicz, die keine Angst hatten, waren richtig hübsche Burschen, deren Züge gleich ganz anders aussahen.

Jurek vertrat also die ŻOB auf der arischen Seite (als Herr Grabowski von dieser Mission erfuhr, war der Krieg bereits zu Ende; in jener Zeit wollte man so wenig wie möglich wissen, um sich bei Verhören nicht zu verplappern), und in dieser Funktion hatte er ständig Kontakt mit »Wacław« und anderen Offizieren. Wenn er nicht alle Pakete auf einmal ins Ghetto bringen konnte, lagerte er sie bei Herrn Grabowski oder bei den Barfüßerinnen auf der Wolska: mal waren es Revolver, ein andermal Messer oder ein bißchen Trotyl. Die Karmeliterschwestern hatten damals noch keine so strenge Klausur wie heute und durften Außenstehenden ihr Gesicht zeigen, Jurek konnte sich also, wenn er sich an den Bündeln und Säcken müde geschleppt hatte, bei ihnen ausruhen

– auf einem Feldbett, das, hinter einem kleinen Wandschirm verborgen, im Parlatorium stand. In diesem Parlatorium sitze ich nun, vor mir ein schwarzes schmiedeeisernes Gitter, dahinter, im Halbdunkel einer Nische, die Mutter Oberin, und wir sprechen von diesen Waffentransporten, die fast ein Jahr lang durch ihr Kloster ins Ghetto gingen. Hatte sie denn keine Bedenken? Die Oberin versteht nicht...

»Nun, Waffen an solch einem Ort?!«

»Ihnen geht es wohl darum, daß Waffen dazu dienen, Menschen zu töten?« fragte die Oberin. Nein, daran habe sie nicht gedacht, nur daran, daß es gut wäre, wenn Jurek, machte er einst Gebrauch von diesen Waffen und schlüge seine letzte Stunde, noch Buße tun und sich mit Gott aussöhnen könne. Sie bat ihn sogar, es ihr zu versprechen, und nun fragt sie mich: ob ich wohl glaube, daß er an sein Versprechen gedacht hat, als er im Bunker auf der Miła 18 die Waffe gegen sich kehrte?

Als Jurek und seine Kameraden von den Waffen Gebrauch machten, färbte sich der Himmel rot über diesem Teil der Stadt, und der feurige Widerschein fiel bis in den Flur des Klosters. Darum versammelten sich die Barfüßerinnen allabendlich hier und nicht in der Kapelle, um Psalmen zu lesen (»Denn wir werden ja um deinetwillen täglich erwürget und sind geachtet wie Schlachtschafe. Erwecke dich, Herr! Warum schläfst du?«), und sie bat Gott, Jurek Wilner möge seinen Tod hinnehmen ohne Furcht.

So trug Jurek also die Waffen zusammen, und Herr Grabowski half ihm tatkräftig, die Einkäufe zu vervollständigen. Einmal ergatterte er ein paar hundert Kilo Salpeter und Holzkohle für Sprengstoff (er hatte das Zeug bei Stefan Oskroba, dem Inhaber einer Drogerie auf dem

Narutowicz-Platz, gekauft), und ein andermal 200 Gramm Zyankali, das die Juden für den Fall der Verhaftung haben wollten. Es waren kleine graublaue Würfel, die Herr Henryk an einer Katze ausprobierte. Er schabte etwas ab und bestreute damit ein Stück Wurst. Die Katze verendete auf der Stelle, und so war Herr Henryk ganz beruhigt, als er die Würfel Jurek übergab. Als Inhaber eines Speck- und Fleischstandes hatte er seinen geschäftlichen Ehrgeiz, schlechte Ware mochte er dem Freunde nicht verkaufen.

Heniek »Słoniniarz«, der Speckhändler – das war Henryk Grabowskis Pseudonym. Er wurde sehr gut Freund mit Jurek Wilner. Wenn sie auf dem Strohsack nebeneinander lagen (im Bett schlief Herrn Henryks Frau mit der kleinen Tochter, unter dem Bett steckten die Bündel mit den Messern und Granaten), dann unterhielten sie sich über alles. Daß es kalt war, daß man Hunger hatte, daß Menschen umgebracht wurden und daß man die Zähne zeigen mußte. Herr Henryk erinnert sich: »Was aber den Intellekt überhaupt betrifft, so hatte Jurek einen philosophischen Verstand. Wir sprachen oft darüber, was das alles soll. Er hatte fürs Leben so einen allgemein menschlichen Blick.«

Aus dem Heft Jurek Wilners:

Ein Tag vergeht
        wir treffen uns nicht mehr
Nach einer Woche
        bleiben schon die Grüße aus
In Monatsfrist
        tritt zwischen uns Vergessen

Nach einem Jahr
        gibt es kein Wiedererkennen
Doch wie den Deckel meines Totenschreins
stemmt ich empor heut nacht
Die Schwärze überm dunklen Strom
mit meinem Schrei
Rette mich
Ich liebe dich
Kannst du mich hören
        Zu ferne schon

In den ersten Märztagen des Jahres 1943 wurde Jurek Wilner von der Gestapo verhaftet.

»Noch am Vormittag war ich bei ihm auf der Wspólna«, sagt Rechtsanwalt Woliński. »Um zwei Uhr umstellten die Deutschen das Haus und griffen ihn samt Dokumenten und Waffen.

Bei uns herrschte das ungeschriebene Gesetz, daß jemand, den es erwischt hatte, mindestens drei Tage lang schweigen mußte. Wurde er nach dieser Frist weich, so machte ihm niemand einen Vorwurf daraus. Jurek Wilner ist einen Monat lang gefoltert worden und hat nichts verraten, keine Kontaktperson und keine Adresse, obwohl er viele kannte, sowohl drüben als auch auf der arischen Seite.

Ende März, es war ein Wunder, gelang ihm die Flucht, aber er kehrte ins Ghetto zurück, untauglich für jegliche Arbeit: Seine Füße waren an vielen Stellen gequetscht, er konnte nicht gehen.«

Die wunderbare Flucht, von der Rechtsanwalt Woliński sprach, hatte Heniek der »Speckhändler« für seinen Freund organisiert. Er hatte herausgefunden, daß Jurek im Lager von Grochów war, stahl sich durch die Sümpfe, holte ihn heraus und nahm ihn mit zu sich nach Hause.

Jurek waren Finger, Nieren und Füße gequetscht, er war täglich gefoltert worden, und eines Tages hatte er sich einer Gruppe zugesellt, die erschossen werden sollte. Er hoffte, daß damit alles schneller ein Ende haben würde. Diese Gruppe wurde zur Arbeit nach Grochów transportiert, und dort stöberte ihn Herr Grabowski auf.

Alle kümmerten sich um ihn – Herr Grabowski, dessen Mutter und dessen Frau –, sie schmierten ihm die Fingernägel ein, die sich vom Fleische lösten, und gaben ihm ein Pulver, von dem sich sein Urin dunkelblau färbte. Schließlich kam er zu Kräften und sagte, er wolle ins Ghetto zurück. Herr Grabowski meinte: »Jurek, was hast du davon, ich bringe dich aufs Land...« Aber Jurek bestand darauf, zurückzukehren. Und Herr Grabowski sagte: »Ich suche dir ein gutes Versteck, du wirst sehen, niemand wird dich finden, bis der Krieg vorbei ist...« – »Nein«, sagte Jurek, »ich gehe zurück...«

Sie konnten nicht Abschied nehmen. Als Jureks Kameraden kamen, um ihn abzuholen, war Heniek nicht zu Hause. Als der Aufstand im Ghetto ausgebrochen war, wußte er: Das war Jureks Ende, dieses Abenteuer würde er bestimmt nicht überstehen. Was heißt Abenteuer, diese Tragödie, die sich dort abspielte.

Jurek hat es wirklich nicht überstanden. Aus einer der letzten Meldungen der ŻOB geht hervor, daß er es war, der am 8. Mai im Bunker auf der Miła 18 das Signal zum Selbstmord gegeben hat.

»Angesichts der ausweglosen Lage hat Arie Wilner die Kämpfer aufgerufen, Selbstmord zu begehen, um den Deutschen nicht lebend in die Hände zu fallen. Als erster erschoß Lutek Rotblat zunächst seine Mutter, dann sich selbst. In dem Bunker fanden die meisten Mitglieder der Kampforganisation den Tod, an der Spitze ihr Kommandeur Mordechaj Anielewicz.«

Nach dem Kriege hat Herr Henryk (erst hatte er eine Autowerkstatt, dann ein Taxi, und schließlich arbeitete er im Verkehrswesen als Angestellter im technischen Bereich) sich so manches Mal den Kopf zerbrochen, ob es richtig war, Jurek damals gehen zu lassen. Auf dem Lande hätte er sich erholt, wäre er zu Kräften gekommen... »Aber wenn er überlebt hätte, würde er mir vielleicht Vorwürfe machen... Ganz bestimmt wäre es ihm unerträglich, am Leben zu sein, und alles wäre noch schlimmer...«

Aus dem Heft Jurek Wilners:

Also muß es doch weitergehen
jedesmal kommt einer dazwischen
und holt dich vom Strick
Gestern lag mir der Tod schon in den Knochen
die Ewigkeit ruhte komplett
im Gedärm
da flößte man löffelweise wieder
Leben mir ein
Ich will ihn nicht mehr, diesen Trank,
erlaubt, daß ich ihn erbreche.
Ich weiß, das Leben ist wie ein Füllhorn,
die Welt ist gut und gesund.
Aber bei mir tritt das Leben nicht in die Blutbahn,
mir steigt es nur zu Kopfe.
Andere nährt es, mir bringt es Schaden...

»Ich habe ihm einen Brief ins Ghetto geschrieben«, sagt »Wacław«, Rechtsanwalt Woliński. »Ich weiß nicht mehr, was darin stand. Aber es waren empfindsame Worte, solche, die man nur schwer zu Papier bringt.

Sein Tod hat mir sehr weh getan. Der Tod jedes dieser Leute hat mir sehr weh getan.

Dieser bewundernswerten, heldenmütigen, polnischen Menschen.«

Nach Jurek Wilner war Antek – Icchak Cukierman – Kurier der ŻOB auf der arischen Seite geworden.

»Er war sehr nett und tüchtig«, sagt Herr Woliński, »aber er hatte eine gräßliche Gewohnheit: Stets trug er eine Tasche mit Granaten bei sich. Das hat mich bei unseren Gesprächen ein wenig aus der Fassung gebracht, ich hatte Angst, sie würden explodieren.«

In einem der ersten Funksprüche, die »Wacław« nach London schickte, ging es um Geld. Seine Schützlinge benötigten es zum Kauf von Waffen, und zuerst kamen fünftausend Dollar, mit einem Fallschirmabwurf.

»Ich gab sie Mikołaj vom ›Bund‹*, und gleich kommt Borowski, ein Zionist, gerannt, um sich zu beschweren: ›Herr Wacław‹, sagt er, ›alles hat er eingesteckt, mir will er nichts geben. Reden Sie mal mit ihm!‹«

Aber Mikołaj hatte das Geld schon Edelman übergeben, von dem hatte es Tosia bekommen, Tosia hatte es unter der Bohnerbürste versteckt, und wie sie sich bald darauf überzeugen konnten, war das eine glänzende Idee gewesen, denn bei einer Haussuchung wurde die ganze Wohnung auf den Kopf gestellt, aber keiner kam darauf,

* Jüdischer Arbeiterbund, genannt Bund: 1897 gegründete, gegenüber anderen sozialdemokratischen und kommunistischen Parteien autonome Arbeiterpartei des jüdischen Volkes.

unter der Bohnerbürste nachzusehen. Für dieses Geld wurden auf der arischen Seite Waffen gekauft.

Später löste Tosia »Wacław« bei der Gestapo aus: Jemand hatte sie von seiner Verhaftung wissen lassen, und sie dachte gleich: »Wer weiß, ob sich nicht mit dem Perserteppich etwas erreichen läßt...« Und in der Tat, dank des Teppichs bekamen sie »Wacław« heraus. »Na ja«, sagt Tosia, »es war wirklich ein schöner Teppich. Einer von diesen glatten Persern, in beige, mit einem Rahmen ringsherum und einem Medaillon in der Mitte.«

Tosia, Dr. Teodozja Goliborska, die letzte der Ärztinnen, die im Ghetto die Folgen des Hungers untersuchten, ist für einige Tage aus Australien gekommen, bei Rechtsanwalt Woliński sind heute viele Leute zu Besuch, es ist gesellig, Stimmengewirr, jeder sucht den anderen mit einer unterhaltsamen Geschichte zu übertreffen. Was für Ärger »Wacław« zum Beispiel mit den Leuten von der ŻOB hatte, die immer zu schnell die Spitzel liquidierten. Erst mußte ja das Urteil da sein, dann folgte die Vollstreckung, die aber kamen an und sagten: »Herr Wacław«, wir haben ihn schon umgelegt.« – »Was war da noch zu tun? Ich mußte mich hinsetzen und diesem Schießkommando schreiben, sie sollten gefälligst noch ein Urteil besorgen.«

»Oder was da los war, als die große Sendung mit den Fallschirmen kam. Hundertzwanzigtausend Dollar waren es.. .« – »Moment mal«, sagt Edelman, »hundertzwanzigtausend sind das gewesen? Und wir haben nur die Hälfte bekommen.«

»Marek«, sagt »Wacław«, »ihr habt alles bekommen und Pistolen davon gekauft.«

»Diese fünfzig?«

»Nein, woher denn... Die fünfzig habt ihr nicht gekauft, sondern von uns, von der AK, bekommen. Übrigens nein, eine ging ja damals nach Tschenstochau, und dieser Jude hat damit geschossen, erinnern Sie sich? Und zwanzig gingen nach Poniatowa...«

So reden sie miteinander, und Tosia erwähnt noch den roten Pullover, in dem Marek damals über die Dächer gerannt ist. Es war der reinste Lappen gegen den Pullover, den sie ihm schicken wird, sobald sie wieder in Australien ist – und als wir auf dem Heimweg sind, wendet sich Edelman auf einmal ab und sagt: »Das war kein Monat. Nur ein paar Tage, höchstens eine Woche.«

Es geht um Jurek Wilner. Daß er die Folter der Gestapo nur eine Woche, nicht einen Monat ausgehalten hat.

Also Moment mal. »Wacław« sprach von einem Monat, Herr Grabowski von vierzehn Tagen...

»Ich erinnere mich genau. Es war eine Woche.«

Es fängt an, ärgerlich zu werden.

Wenn »Wacław« sagt, es sei ein Monat gewesen, dann wird er wohl wissen, was er sagt.

Denn was zeigt sich jetzt? Daß uns allen sehr daran liegt, Jurek Wilner möge die Folter der Gestapo so lange wie möglich ertragen haben. Es ist ein großer Unterschied, ob jemand eine Woche oder einen Monat schweigt. Wir alle wünschten von Herzen, Jurek-Arie Wilner habe einen ganzen Monat geschwiegen.

»Na schön«, sagt er, »Antek will, daß wir fünfhundert waren; der Schriftsteller S. will, daß die Fische von der Mutter gefärbt wurden; ihr wollt, daß er einen Monat gesessen hat. Dann soll es eben ein Monat sein. Schließlich hat das doch gar nichts mehr zu sagen.«

Mit den Fahnen ist es dasselbe.

Seit den ersten Tagen des Aufstands wehten sie über dem Ghetto: die weiß-rote und die blau-weiße. Auf der arischen Seite riefen sie Erschütterung und Rührung hervor, und die Deutschen holten sie mit größter Anstrengung herunter, im Triumph, als Siegestrophäen.

Er sagt, wenn dort Fahnen gewesen wären, könnten sie nur seine Leute gehißt haben. Aber die haben keine Fahnen gehißt. Sie hätten es gern getan, wenn sie nur etwas weißen und roten Stoff gehabt hätten. Doch sie hatten keinen.

»Dann hat sie also ein anderer gehißt, ganz egal, wer.«

»Ach ja?« sagt er. »Sehr gut möglich.« Nur daß er gar keine Fahnen gesehen hat. Erst nach dem Krieg erfuhr er davon.

»Das ist unmöglich. Alle haben sie gesehen!«

»Na ja, wenn alle sie gesehen haben, dann waren sie bestimmt auch da. Und überhaupt«, meint er, »was hat das für eine Bedeutung. Wichtig ist, daß die Leute sie gesehen haben.«

Das ist das Allerschlimmste: daß er am Ende mit allem einverstanden ist. Und es keinen Sinn mehr hat, ihn zu überzeugen.

»Was hat das heute noch zu sagen«, meint er und ist einverstanden.

»Wir müssen noch einen Zusatz machen«, sagt er.

Warum er am Leben blieb.

Als die Befreier kamen, hielt ihn der erste Soldat an und fragte: »Du bist Jude? Wieso bist du dann am Leben?« Das klang mißtrauisch: Vielleicht hatte er jemanden verraten, jemandem das Brot genommen? Ich sollte ihn jetzt fragen, ob er nicht zufällig auf fremde Kosten überlebt hat, und wenn nicht – wieso er denn überlebt hat.

Er wird versuchen, sich zu rechtfertigen. Zum Beispiel erzählen, wie er zum Treffpunkt auf die Nowolipki 7 ging, um Bescheid zu sagen, daß in einer leeren Wohnung gegenüber die bewußtlose Irka lag, eine Ärztin vom Krankenhaus in der Leszno-Straße. Als ihr Krankenhaus auf den Umschlagplatz verlegt wurde, schluckte Irka ein Röhrchen Luminal, zog das Nachthemd an und legte sich ins Bett. Er fand sie, trug sie – in dem rosa Nachthemd – über die Straße in ein Haus, aus dem schon alle abtransportiert waren, und wollte Bescheid geben, daß man sie dort wegholen sollte, falls sie überlebte.

Quer über die Fahrbahn der Nowolipki zog sich die Mauer – drüben war schon die arische Seite. Von dort tauchte plötzlich ein SS-Mann auf und begann zu feuern. Er gab an die fünfzehn Schüsse ab – die Geschosse schlugen jedesmal einen halben Meter rechts neben dem Ziel ein. Vielleicht hatte er einen Astigmatismus – das ist ein Augenfehler, der durch eine Brille leicht korrigiert werden kann. Der Deutsche hatte offensichtlich einen unkorrigierten Astigmatismus und traf nicht.

»Und das ist alles?« frage ich. »Daß der Deutsche keine richtige Brille hatte?«

Also gibt es noch eine Geschichte, die von Mietek Dąb.

Für das tägliche Kontingent, diese zehntausend auf dem Umschlagplatz, fehlten eines Tages noch Leute, und Edelman wurde von der Straße weg auf das Fuhrwerk gezerrt – den Wagen, mit dem alle zur Rampe transportiert wurden. Zwei Pferde waren vorgespannt, neben dem Fuhrmann saß ein jüdischer Polizist, hinten ein Deutscher.

Sie fuhren schon über die Nowolipki, als er plötzlich Mietek Dąb erblickte. Dąb war Mitglied der PPS, im Auftrag seiner Partei in den Polizeidienst getreten, er wohnte in der Nowolipki und kam gerade vom Dienst.

Er schrie: »Mietek, sie haben mich!« Mietek kam herbeigestürzt, sagte dem Polizisten, es sei sein Bruder, und er durfte abspringen.

Damals nahm ihn Mietek mit nach Hause.

Der Vater war da, ein winziger, magerer, hungriger Mann. Gehässig schaute er sie an.

»Da hat Mietek also wieder einen von der Fuhre geholt, was? Und wieder keinen Groschen dafür genommen?«

Tausende könnte er dafür schon haben.

Wenigstens Brotkarten könnte er dafür herausschlagen.

Aber was macht er? Umsonst holt er sie vom Wagen.

»Vater«, sagte Mietek, »mach dir keine Sorgen. Es sind gute Taten, und ich komme dafür in den Himmel.«

»Was für ein Himmel? Was für ein Gott? Siehst du nicht, was los ist? Siehst du nicht, daß es Gott schon lange nicht mehr gibt? Und wenn es ihn gibt« – der Alte senkte die Stimme –, »dann ist er auf *ihrer* Seite.«

Einen Tag später nahmen sie Mieteks Vater mit – der Sohn konnte ihn nicht mehr von der Fuhre holen und ging gleich danach in den Wald zu den Partisanen.

Das ist das zweite Beispiel: Wenn er den sicheren Tod vor Augen hatte, rettete ihn der Zufall. Einmal war es der Astigmatismus des SS-Mannes, dann die Tatsache, daß Mietek Dąb gerade vom Dienst kam.

Die kleinen Mädchen, denen bei der Einlieferung rosa Schaum auf den Lippen stand (diese Mädchen, denen es noch glückte, erwachsen zu werden, zu lieben und Kinder zu gebären – denen soviel mehr glückte als der Tochter der Frau Tenenbaum), hatten verengte Herzklappen. Herzklappen sind kleine Plättchen, die sich rhythmisch bewegen und das Blut durchlassen. Wenn sie zu eng sind, gelangt zuwenig Blut hindurch, es kann zu einem Lungenödem kommen, das Herz beginnt rascher zu arbeiten, um mehr Blut zu liefern, aber zu schnell darf es auch nicht schlagen, weil seine Kammer sich erst mit diesem Blut füllen muß... Die optimale Leistung sind viertausendzweihundert Schläge pro Stunde, über hunderttausend also an einem Kalendertag; dabei werden siebentausend Liter Blut, etwa fünf Tonnen, hindurchgepumpt... Das weiß ich von Ingenieur Sejdak, der auch sagt, das Herz sei ein Mechanismus wie jeder andere und habe als solcher seine spezifischen Eigenschaften: Er besitze große Produktivitätsreserven, und der Materialverschleiß sei gering, weil die verbrauchten Teile regeneriert würden, das heißt, es finde eine Generalüberholung bei vollem Betrieb statt.

Kann ein Herz diese Überholung nicht reibungslos durchführen, so erkrankt es. Meist sind es gerade die Klappen, an denen Defekte entstehen, nach Ingenieur Sejdak übrigens eine ganz begreifliche Sache, denn in jedem Mechanismus – man nehme nur ein Auto – sind ja eben die Ventile am anfälligsten.

Es fiel Ingenieur Sejdak also nicht schwer, ins Wesen der Arbeit eines Herzens einzudringen, und er brauchte nur anderthalb Jahre, um für den Professor einen Apparat zu konstruieren, der für die Dauer der Reparatur, also während des Eingriffs, das Herz vertrat.

Vierhunderttausend Złoty betrugen die Kosten des neuen künstlichen Herzens. Es war eine in der Welt einmalige Lösung, für die Ingenieur Sejdak auch ein Patent bekam. Als die Arbeiten bereits abgeschlossen waren, bekam die Firma »Merinotex« Besuch von einem Kontrolleur, der feststellte, daß diese Summe nicht dort abgebucht war, wo sie hingehörte, woraus folgte, daß Ing. Sejdak dem Betrieb Schaden zugefügt und sich somit eines Wirtschaftsvergehens schuldig gemacht hatte.

Zum Glück hat der Ingenieur die nötigen Unterlagen besorgt und konnte sich so von jeglichem Verdacht befreien, der Kontrolleur wiederum war freundlich genug, die Angelegenheit gar nicht erst ins Protokoll aufzunehmen.

Zur Zeit arbeitet der Ingenieur an einer neuen Maschine, die dem Herzen helfen soll, das Blut durch verengte Gefäße zu pumpen. Dadurch kann der Patient die Zeit zwischen dem Infarkt und der Operation überstehen. Die meisten Leute sterben sofort nach dem Infarkt, ehe es überhaupt zur Operation kommt. Wenn diese Maschine wirklich etwas taugt, dann rettet sie vielen Menschen das Leben. Wenigstens beschirmt sie noch ein Weilchen das Lebenslicht. So sagt Edelman.

Freilich darf man sich keine übertriebenen Hoffnungen machen. Denn Er verfolgt sehr aufmerksam, was Sejdak und der Professor treiben, und bringt es fertig, ganz unverhofft zuzuschlagen. Sie hatten ja auch gedacht, es sei gelungen, sie seien in Sicherheit, und Stefan war von allen wohl der Glücklichste, denn er war siebzehn und trug den ersten Revolver seines Lebens. Stefan, der Bruder von Marysia Sawicka, die vor dem Kriege im Stadion »Skra« zusammen mit der Schwester von Michał Klepfisz die 800 Meter gelaufen war. Siebzehn also und die erste Waffe. Und die Freude, an einer Aktion teilgenommen zu haben (er war in der Gruppe, die ihren Ausstieg aus der Kanalisation deckte). Dieses Glück sprengte ihm fast die Brust. Er hielt es nicht aus in der Wohnung und lief hinunter in die Konditorei. Im selben Augenblick trat ein Deutscher ein, sah den Revolver in der Tasche, führte Stefan hinaus und erschoß ihn, vor dem Haus, unter den Fenstern von Marysia.

Zuweilen ist es ein echter Wettlauf, und Er setzt ihnen bis zuletzt mit kleinen, kleinlichen Bosheiten zu. Bei Rudny zum Beispiel: der Facharzt für Koronarographie nicht da – eine Birne am Röntgengerät durchgebrannt – der Operationstrakt abgeschlossen – die Instrumentenschwestern abwesend... Die ganze Zeit verstärkten sich die Schmerzen, jeder Schmerz konnte der letzte sein, und sie waren immer noch auf der Suche nach Autos, Ärzten, Glühlampen und Schwestern. Aber sie schafften es. Um drei Uhr morgens, als sie und der Professor einander Dank sagten, als Rudnys Herz normal arbeitete und das Blut darin durch ein Stück Vene freiere Bahn bekommen hatte – da dachten sie sich, daß es gelungen sei, daß es ihnen noch einmal gelungen sei.

Vor dem Eingriff war er gar nicht sicher gewesen, ob man Rudny in dem kritischen Zustand operieren durfte, denn schließlich kannte auch er all die Bücher, in denen steht, man dürfe nicht. Und er hatte das Krankenhaus noch einmal verlassen, um in Ruhe über alles nachzudenken. Damals war ihm Frau Dr. Zadrożna über den Weg gelaufen. Er fragte sie: »Soll man operieren? Was meinst du?« Und Frau Dr. Zadrożna war sehr erstaunt. »Na weißt du«, meinte sie, »in eurer Lage?« Sie hatten nämlich gerade etwas Ärger in der Arbeit, genauer gesagt, er hatte ihn, denn ihm war gekündigt worden*, Elżbieta Chętkowska und Aga Żuchowska aber wollten aus Solidarität mit ihm ebenfalls weggehen – bedeutungslose Dinge, aber genug, daß Frau Dr. Zadrożna ein Recht hatte, erstaunt zu sein, denn ein riskanter Eingriff, der mißlang, hätte es nicht leichter gemacht, eine neue Stelle zu finden. Als er aber hörte: »Na weißt du...«, da war ihm sofort klar, daß es nichts zu überlegen gab. Die Entscheidung war gefallen, sogar gewissermaßen ohne sein Zutun. Er ging ins Krankenhaus zurück und sagte: »Wir operieren.« Und Elżbieta stauchte ihn noch zusammen, weil er draußen herumgestreunt war, obwohl er doch genau wußte, daß es um jede Minute ging.

Oder es wird eine kranke Frau eingeliefert, und alle sagen, es handle sich um Katatonie, eine Art Schizophrenie, bei der der Patient nicht ißt, sich nicht bewegt, nur schläft und nicht wach zu kriegen ist. Seit fünfzehn Jahren wird die Frau darauf behandelt, sie aber machen während des Schlafes eine Blutprobe, finden über dreißig Milligramm Zucker und kommen auf die Idee, daß es nichts mit Schizophrenie, sondern mit der Bauchspeicheldrüse zu tun haben könnte. Sie operieren die Bauchspeicheldrüse – und jetzt kommt die größte Spannung: Gleich nach der Operation beträgt der Zucker hundertdreißig – ein bißchen viel, zwei Stunden später sechzig – ein bißchen wenig, sie regen sich auf, weil er zu

* Im Zuge der antisemitischen Kampagne 1968 sollte auch Edelman seinen Arbeitsplatz verlieren, auf Proteste seiner Kollegen hin wurde die Kündigung jedoch später wieder rückgängig gemacht.

schnell sinkt, aber nach weiteren vier Stunden steht er immer noch bei sechzig, vielleicht hat er sich also doch stabilisiert.

Die Sache mit der Bauchspeicheldrüse hat sich erledigt. Der Alltag zieht wieder ein – aber da kommt die rätselhafte Geschichte mit dem Kalzium, das bei einem Nierenkranken plötzlich heftig zu steigen beginnt. Also sind die Kollegen zu fragen, was es bei einer primären Überfunktion der Nebenschilddrüsen für klinische Symptome gibt, aber das weiß natürlich keiner, weil so etwas in vielen Jahren nur einmal vorkommt. Sie rufen in Paris an, im Institut von Professor Royuxe, dort gibt es Spezialisten für Kalzium, die das Hormon untersuchen könnten, wenn es ihnen in einem Tiefkühlbehälter bei 32 Grad minus zugeschickt würde, aber das Kalzium steht schon bei sechzehn, und bei zwanzig stirbt man. Sie bringen den Patienten zur Operation nach Warschau, vielleicht verschlimmert es sich nicht auf dem Transport; als sie ihn auf den Operationstisch legen, sind es zwanzig, und der Mann verliert das Bewußtsein ...

Die Sache mit den Nebenschilddrüsen ist vorüber. Der Alltag zieht wieder ein.

Ich erzähle das alles Herrn Zbigniew Młynarski, der das Pseudonym »Kret« trug und der auf der Bonifraterska versucht hatte, die Mauer zu sprengen. Genau in dem Augenblick, als sie drüben, bei Edelman, ihre einzige Mine zündeten, hatte Herr Młynarski das Gewehr angelegt – und ein Gendarm auch, aber zum Glück war Młynarski um den Bruchteil einer Sekunde schneller gewesen. Ich frage ihn also, ob er das mit diesem Edelman begreift. Ja, sagt er, jawohl, das begreife er vollkommen. Er selbst zum Beispiel sei nach dem Krieg Vorsitzender einer Kürschnergenossenschaft gewesen und erinnere sich sehr gut an diese Zeit, denn er mußte schnell handeln und riskante Entscheidungen treffen. Nehmen wir die Sache mit dem Betriebskapital: Das hat er angegriffen, um das Dach decken zu lassen, denn die Felle wurden naß. Man drohte ihm mit dem Gericht, und er sagte: »Bitte sehr, verurteilt mich, zwei Millionen habe ich abgezweigt, aber dreißig gerettet.« Ihm ist nichts passiert, aber solch eine Entscheidung erforderte wirklich Mut. Man denke nur: betriebsgebundene Mittel zu nehmen und das Dach decken zu lassen – zu jener Zeit! »Darum aber geht es im Leben«, sagt Herr Młynarski. »Um rasche, männliche Entschlüsse.«

Nach dieser Genossenschaft hatte Herr Młynarski dann seine private Werkstatt, in der er Rauchwaren für staatliche Betriebe herstellte. Er tat das Nötige, um vor dem Finanzamt seine Ruhe zu haben, vier Männer waren mit dem Zwecken, Strecken, Bändeln und allem, was es sonst zu tun gab, betraut, nur sich selbst hatte Herr Zbigniew die verantwortungsvollste Arbeit vorbehalten – das Sortieren. Im Kürschnerberuf ist ja am wichtigsten, daß ein Pelz zum anderen paßt.

Ein Leben aus vollen Zügen gab es für Herrn Młynarski eigentlich nur während des Krieges: »Als Mann sehe ich nach nichts aus, sechzig Kilo, ein Meter dreiundsechzig, und doch bin ich wagemutiger gewesen als alle anderen mit ihren Einsachtzig.« Später sortierte er Pelze, damit sie zueinander paßten. »Wie kann man denn so etwas ernst nehmen?« fragt er. »Nach all den Jahren – Felle von Karakulschafen bestimmen?« Deshalb versteht er Dr. Edelman so gut.

Es geht also nur darum, das Lebenslicht zu beschirmen.

Wie wir aber schon sagten, folgt Er sehr aufmerksam diesem Treiben und kann so tückisch zuschlagen, daß alles zu spät ist: Wenn sie Blut abnehmen und feststellen, daß sich Glimit darin befindet – dann läßt sich nichts mehr tun. Weshalb hat sie Glimit genommen? Es konnte eine Gefäßgeschwulst in der Hinterhaupthöhle gewesen sein. Sie verwechselte die Wörter, konnte sich nicht die einfachste Figur merken, vielleicht vergaß sie damals auch, wo sie wohnte oder wie man den Lichtschalter betätigt... Sie hatte alles gehabt – Eltern, die sie liebten, ein Zimmer mit teuren Spielsachen, später ein glänzendes Diplom, einen hübschen Bräutigam. Und eines Tages schluckte sie Schlaftabletten. Alles, was von ihr blieb, war das schöne Zimmer, dieser Raum aus Zartgrün und Weiß, in dem ihr guter amerikanischer Adoptivvater nicht das geringste verändern ließ, weil er wollte, daß alles für immer so blieb. Der amerikanische Vater fragte auch Dr. Edelman, warum sie das getan hatte, aber er fand keine Antwort, obwohl es doch Elżunia war, die Tochter Zygmunts – Frydrych Zelman –, der gesagt hatte: »Ich werde das nicht überleben, aber du wirst es schaffen. Denk also daran, daß im Kloster von Zamość mein Kind ist...« Zygmunt schoß dann auf den Scheinwerfer, damit sie durch die Mauerbresche konnten, und Edelman hatte Elżunia auch gleich nach dem Krieg gefunden. Für die eine wie die andere war seine Hilfe zu spät gekommen, Elżunia war in New York gestorben und dieses Mädchen hier...

So ist das. Letztlich weißt du nie genau, wer wen überlistet hat. Manchmal freust du dich, daß du es geschafft hast, weil alles genau überlegt und vorbereitet ist, auch die Leute hast du überzeugt und weißt, daß nichts

Schlimmes mehr passieren dürfte, und da kommt Stefan um, der Bruder von Marysia Sawicka, weil er sich vor Glück nicht zu fassen wußte. Und Celina, die mit ihnen auf der Prosta aus den Kanälen gestiegen war, liegt im Sterben, und er kann ihr nur noch das Versprechen geben, mit Anstand und ohne Furcht in den Tod zu gehen. (Auf der Beerdigung von Celina – Cywia Lubetkin – waren sie dann drei aus dem Kanalschacht von der Prosta, Masza, Pnina und er. Masza hatte ihn kaum erblickt, als sie ihm zuraunte: »Weißt du, heute habe ich ihn wieder gehört.« – »Wen denn?« – »Stell dich nicht dumm«, erboste sie sich, »stell dich bloß nicht dumm.« Man erklärte ihm, Masza habe wieder den jungen Menschen schreien hören, der damals erkunden wollte, weshalb sie »im nördlichen Teil des Ghettos warten« sollten. Auf der Miła war er mit Feuer gefoltert worden, hatte den ganzen Tag geschrien, und Masza, die damals im Bunker nebenan gewesen war, bleibt lauernd auf der Straße stehen, wartet, bis Pnina in einem Geschäft ihre Einkäufe besorgt und flüstert: »Hör doch, da ist es wieder, heute wieder ganz besonders deutlich.« In einer Stadt, die von der Miła und dem Bunker dreitausend Kilometer entfernt liegt.) Oder bei der Wirtin von Abrasza Blum klopft der Hauswart und sagt: »Bei Ihnen ist ein Jude.« Dann schließt er die Tür von außen ab und geht zum Telefon (den Hauswart hat die AK dann zum Tode verurteilt, Abrasza Blum jedoch sprang aus dem Fenster auf das Dach, brach sich die Beine und blieb liegen, bis die Gestapo kam). Oder ein Mann stirbt auf dem Operationstisch, denn er hatte einen Infarkt, der sich weder in der Koronarographie noch beim EKG feststellen läßt. Du hast also diese Tücken sehr wohl im Gedächtnis, und mag die Operation auch erfolgreich verlaufen sein – du wartest.

Es kommen die langen Tage des Wartens, denn erst jetzt wird sich zeigen, ob das Herz die zusammengestückelten Gefäße, die neuen Schlagadern und die Medikamente annimmt. Allmählich findest du Ruhe, Gewißheit stellt sich ein ... Und wenn diese Spannung und diese Freude von dir fallen, dann – erst dann – wirst du dir darüber klar, was das für eine Proportion ist: eins zu vierhunderttausend. 1:400 000.

Einfach lächerlich.

Aber für jeden Menschen bedeutet das Leben glatte hundert Prozent. Und darum hat das vielleicht einen Sinn.

# ANHANG

# TZVETAN TODOROV

# REISE NACH WARSCHAU

*Sonntägliche Besichtigungen*

Es fing ganz einfach an, im November 1987: Ein Freund erbot sich, uns einige Warschauer Sehenswürdigkeiten zu zeigen, die nicht auf der Besichtigungsliste standen. Bereitwillig gingen wir darauf ein, froh, auf diese Weise dem offiziellen Programm des Kolloquiums entkommen zu können, das Ursache oder Vorwand für unsere Anwesenheit in dieser Stadt war. Diese Umstände waren es, die uns eines Sonntags um die Mittagszeit in die Kirche des Paters Popieluszko führten, jenes Priesters, der der »Solidarność« nahegestanden hatte und vom Geheimdienst umgebracht worden war. Hier hatte er früher Gottesdienst gehalten, und hier befand sich nun sein Grab. Es hatte in der Tat etwas Beeindruckendes. Schon der Kirchenvorplatz wirkte wie die Enklave eines anderen Landes, er quoll über von Spruchbändern und Plakaten, die man sonst nirgends zu sehen bekam. Drinnen, im Halbrund des Chores, zeigte eine Ausstellung das Leben des Märtyrers. Jeder Schaukasten, jede Etappe seines Lebens war wie eine Station seines Kreuzwegs. Man sah ihn auf Fotos, in der Menge und in persönlichen Gesprächen, man sah eine Generalstabskarte, auf der seine letzte

Fahrt eingetragen war, und schließlich ein Foto der Brücke, von der er in den Fluß gestürzt worden war. Ein Stück weiter ein Kruzifix – mit Popieluszko an Stelle von Jesus Christus. Draußen der Grabstein und – um ihn herum – der Umriß Groß-Polens (übergreifend auf Litauen und die Ukraine), dargestellt durch schwere, an Felsen geschmiedete Ketten. Alles in allem eine Gefühlsintensität, die einem die Kehle zuschnürte. Und ringsum eine nicht endenwollende Menge: Der Gottesdienst war zu Ende und wir warteten lange darauf, daß der Menschenstrom sich aus der Kirche ergoß und wir eintreten konnten. Als es aber dazu kam, stellten wir voller Verwunderung fest, daß die Kirche immer noch voll war.

Plötzlich konnte ich mich nicht mehr des Gedankens erwehren, daß es eine Verbindung gab zu unserer vorherigen Besichtigung, am selben Morgen, auf dem jüdischen Friedhof von Warschau. Außer uns war niemand dagewesen. Kaum hatten wir die Hauptallee verlassen, befanden wir uns in einem unbeschreibbaren Dschungel. Zwischen den Gräbern waren Bäume gewachsen, Unkraut überwucherte die Grabstätten und machte jede Grenze und Trennung zwischen ihnen vergessen; die Grabsteine sanken den Särgen nach ins Erdreich. Durch diesen Gegensatz begriff man schlagartig, daß die anderen Friedhöfe Stätten des Lebens waren, da die Vergangenheit dort gegenwärtig blieb, während hier die Gräber, diese versteinerten Erinnerungen, selbst im Sterben lagen. Die Judenvernichtung während des Krieges, derer mit einigen Denkmälern am Friedhofseingang gedacht wurde, hatte eine zusätzliche Wirkung: Die Toten von früher, die aus dem 19. Jahrhundert, wurden ein zweites Mal ums Leben gebracht – es gab keine Erinnerung mehr, in der sie ein Zuhause haben könnten. Es herrschte tiefe Stille, und dennoch trug die Stimme nicht weit: Kaum hatten wir den Friedhof betreten, verloren wir einander; die Bäume, die zwischen den Gräbern gewachsen waren, verhinderten, daß wir einander sahen, und unsere Rufe blieben ohne Antwort. Ebenso plötzlich fanden wir uns dann wieder und verirrten uns von neuem in der Stille, immer wieder vor den Grabdenkmälern halt machend, die aus diesem Dickicht herausragten.

Zwischen diesen beiden Teilen des Vormittags bestand eine Kontinuität – die der Emotion – und auch ein Kontrast, den ich dunkel fühlte, aber nicht in Worte fassen konnte. Einige Tage später, wieder in Paris, quälte mich immer noch ein aus diesem Nichtverstehenkönnen geborenes, undefinierbares Unbehagen. Um es zu überwinden, nahm ich mir vor, einige Bücher über die polnische Geschichte zu lesen. Während meines Aufenthalts hatte man bei zwei verschiedenen Gelegenheiten von zwei Werken erzählt, die mir interessant erschienen. Vielleicht befand sich ja der Schlüssel zu meinem Rätsel, diesem leichten Unbehagen, das während der beiden Besichtigungen entstanden war, in diesen Büchern, die unter ganz verschiedenen Umständen, aber während ein und derselben Reise erwähnt worden waren. Ich habe sie mir beschafft und mich in sie vertieft. Wie sich erwies, behandelten sie zwei Ereignisse der neueren Geschichte – den Aufstand im jüdischen Ghetto in Warschau im Jahre 1943 und den Warschauer Aufstand von 1944. Ich gewann auf einmal den Eindruck, daß die Vergangenheit die Gegenwart erhellen konnte; ich wollte mehr darüber verstehen und suchte noch andere Texte, die die gleichen Ereignisse beschrieben. Hier folgt, was ich herausfand.

*Warschau im Jahre 1944*

Das erste der beiden Bücher heißt »Warschau 44. Der Aufstand«. Es besteht aus Interviews, die Jean-François Steiner mit Teilnehmern und Augenzeugen des Aufstands vom Sommer 1944 sowie mit Kennern der polnischen Geschichte geführt hat. Dazwischen befinden sich Zeitdokumente und Auszüge aus literarischen Werken. So entsteht eine lange Textmontage, die sich um die Frage dreht: Wie kam die Entscheidung für den Aufstand zustande? In dem minutiösen Bericht vom Anschwellen der Leidenschaften und von der Abfolge der Ereignisse geriet ich auch an eine Reflexion über das Heldentum. Helden waren die Aufständischen zweifellos, aber darüber hinaus hatten offensichtlich Werte des Heldentums bereits bei der Auslösung des Aufstands in ihren Köpfen Bedeutung gehabt und dessen Ablauf entscheidend beeinflußt: Dieses Heldentum schien die Kämpfer wie eine Droge in einen Rauschzustand versetzt und ihnen dazu verholfen zu haben, die härtesten Prüfungen zu bestehen.

Was aber ist Heldentum? fragte ich mich beim Lesen. Unter dem Aspekt der großen Antinomie, die allem menschlichen Verhalten zugrunde liegt – der Antinomie zwischen Notwendigkeit und Freiheit oder zwischen dem unpersönlichen Gesetz und dem individuellen Willen – ist der Heroismus eindeutig auf der Seite der Freiheit und des Willens. Dort, wo es sich in den Augen gewöhnlicher Sterblicher um eine Situation handelt, die keine Wahl läßt, in der man sich ganz einfach den Umständen fügen muß, dort begehrt der Held eben gegen einen solchen Anschein auf und geht daran, durch eine Tat, die alles Gewöhnliche übersteigt, das Schicksal zu bezwingen. Der Held ist das Gegenteil des Fatalisten, er steht auf seiten der Revolutionäre und in Opposition zu den Konservativen, denn er hat keinen besonderen Respekt vor bereits bestehenden Regeln und hält jedes Ziel für erreichbar, sofern er nur über einen ausreichend starken Willen verfügt.

Die Führer des Warschauer Aufstands, die Verantwortlichen für seine Auslösung, handelten ganz aus diesem heroischen Geist. Erinnerungen Überlebender zufolge hat General Okulicki, der die Operationen leitete, von vornherein den Standpunkt eines Helden eingenommen. (Sein Schicksal war übrigens besonders tragisch: Er starb nicht unter den Geschossen der Nazis, wie er es sich gewünscht hätte, sondern in einem der stalinistischen Gefängnisse, die er über alles fürchtete.) »Er wollte, daß die Dinge so waren, wie sie sein sollten, und akzeptierte nicht, wenn sich an ihnen etwas änderte.« Sein Interesse für das, was zu sein hatte, zog sein Augenmerk von dem ab, was war. In dieser Hinsicht erging es ihm wie Pelczyński, dem Chef des Stabes der Heimatarmee (diese – mit London, nicht wie die kleine Volksarmee, mit Moskau verbunden – war es, die den Aufstand führte). Er gehört zu den Augenzeugen, die Steiner dreißig Jahre später befragte. »Wir wußten, daß Polen verloren war, aber wir konnten ein solches Urteil nicht akzeptieren«, berichtet er. Der Oberbefehlshaber der Heimatarmee, General Bor-Komorowski, erinnert sich seinerseits, daß er am Vorabend der Ereignisse jeden Gedanken, der Aufstand könne fehlschlagen, aus seinem Kopf verdrängt hatte: Die Dinge würden so sein, wie sie zu sein hatten. Als General Monter, der Militärbefehlshaber der Region Warschau, nach Ausbruch der Kämpfe die Meldung erhielt, ein Stadtviertel sei in die Hände der Deutschen gefallen, erwiderte er: »Ich nehme diese Behauptung nicht zur Kenntnis.« Das gerade ist kennzeichnend für den Helden: Er mag wissen, daß sein Ideal sich nicht verwirklichen läßt (wegen seiner Lage auf der Landkarte wie auch angesichts der militärischen Stärke kann Polen der sowjetischen Besatzung nicht entrinnen), aber da er nichts sehnlicher wünscht als dieses, bietet er alle seine Kräfte auf.

Pelczyński erhebt dieses heroische Prinzip zu einer Art militärischem Ehrenkodex: »Für einen Soldaten ist jeder Befehl ausführbar, sofern er nur den Willen dazu hat.« Es geht nicht darum, zwischen vernünftigen und absurden Befehlen zu unterscheiden, zwischen solchen, die die Lage berücksichtigen oder nicht, sondern nur um das Vorhandensein oder das Fehlen einer ausreichenden Dosis Willen. Das scheint polnische Militärtradition zu sein. Ein General aus der Vorkriegszeit pflegte seinen Untergebenen zu erklären, der Mangel an Material könne jederzeit durch den Einsatz an Willen und die Opferbereitschaft der Kämpfer wettgemacht werden. »Stellt eine Gleichung auf zwischen der Munition und dem polnischen Blut und setzt, wenn es euch an der ersteren mangelt, jedesmal das letztere ein!« Und auf diese Weise sollte Okulicki reagieren: Gegen die deutschen Panzer, so sagte er, genügten ein Knüppel oder eine Brandflasche, sofern nur die Polen, die sie in den Händen hielten, entschlossen genug waren. Auch Pelczyński wird später einmal sagen: »Es war offensichtlich, daß sie uns an Materialbestand überlegen waren. Aber die Polen hatten immer den Vorteil einer besseren Moral.« Und die Polen waren schließlich nicht die einzigen, die diesen Weg wählten: »Als das Volk von Paris zur Bastille zog, hielt es sich nicht damit auf, seine Knüppel zu zählen«, sagt einer der von Steiner Befragten.

Helden also, das steht fest, halten sich mehr an das Ideal als an die Wirklichkeit. Während des Warschauer Aufstands trug dieses Ideal mehrere Namen. Man könnte sagen, die Leute kämpften für ein freies Warschau. Meistens aber geht man eine Stufe höher und nennt dieses Ideal »Vaterland«. Man müsse kämpfen, sagt Okulicki, »ohne Rücksicht auf nichts und niemanden, nur mit dem einen Gedanken im Herzen: Polen«. Es genügt nicht zu sagen, das Ideal sei die Nation, denn diese kann gleichgesetzt werden mit einer Ansammlung von Leuten, mit Verwandten, mit Landsleuten, ebenso aber mit Orten, Straßen und Häusern. Diese Interpretation wird aber von Okulicki ausdrücklich verworfen; er erklärt, die Auslösung des Aufstands dürfe »nicht hinausgezögert werden unter dem Vorwand, man könne einige Menschenleben oder Häuser retten«. Es geht nicht um die Rettung der Warschauer, sondern der Idee von Warschau, es geht nicht um einzelne Polen, nicht um polnischen Boden, sondern um eine Abstraktion, die Polen heißt: »Polen war für uns ein echter Kultgegenstand«, sagt ein anderer militärischer Führer des Aufstands, »wir liebten es nicht einfach als Land, sondern wie eine Mutter, eine Königin, wie die Heilige Jungfrau.« Das Land ist vergöttlicht (und verweiblicht); dazu mußte etliches an Realität beiseite geschoben werden.

Nicht das Volk soll also gerettet werden, sondern bestimmte seiner Werte: der Freiheitswille, der Wunsch nach Unabhängigkeit, der Nationalstolz. Pelczyński behauptet: »Wenn wir nicht kämpfen, riskiert die polnische Nation einen schrecklichen moralischen Zusammenbruch.« Bei anderer Gelegenheit erklärt er, wenn man die materiellen Werte nicht verteidigen könne, müsse man an den moralischen Werten festhalten. Auch Sosnkowski, der Londoner Oberbefehlshaber, schrieb in einem Brief (an Premierminister Mikołajczyk): »Im Leben der Völker sind Gesten der Verzweiflung manchmal nicht zu vermeiden: in Anbetracht der von der Bevölkerung gehegten Gefühle, der politischen Symbolkraft dieser Gesten und des moralischen Zeugnisses, das sie für die Nachwelt ausstellen.« Die einzelnen sollen sterben, damit die moralischen und politischen Werte überleben. Das bedeutet freilich, daß es jemanden geben muß, der definiert, was moralisch ist und was nicht, und der im Hinblick auf die Geschichte und die Zukunft in der Lage ist zu beurteilen, wie in der Gegenwart vorzugehen ist.

Aber die Abstraktion, die dem Wort »Polen« innewohnt, ist nicht immer ausreichend. Polen selbst muß zu Füßen eines noch weiter entrückten Ideals geopfert werden: des Abendlandes, das seinerseits die Zivilisation, ja, den »Menschen« verkörpert. Die Russen – das ist die Barbarei, und Polen ist der letzte Schutzwall, der sie aufhalten kann. So wird es möglich, zur Verteidigung des »Menschen« eine unbestimmte Zahl von Menschenleben zu opfern. In einem Schreiben an Bor-Komorowski äußert Sosnkowski den Willen, die polnische Frage umzuwandeln »in ein Problem des Weltgewissens, einen Prüfstand für die Zukunft der europäischen Nationen«. Bor selbst erinnert sich: »Wir dachten, daß der Kampf zur Rettung Warschaus eine Antwort der Welt erwirken müßte.« Okulicki rechtfertigt den Aufstand auf die gleiche Weise: »Es bedurfte eines Kraftaktes, der das Gewissen der Welt wachrütteln sollte.« Der Aufstand ist ein

Opfer, dessen Adressat veranschaulichen kann, wie man immer weiter entrückt – Warschau, Polen, das Abendland, die Welt – und zugleich immer unpersönlich bleibt: man opfert sich nicht für Menschen, sondern für Ideen. Unterm Strich ist nur das Absolute geeignet, diese heroischen Geister zufriedenzustellen.

Im Leben des Helden wird manchen menschlichen Qualitäten mehr Wert beigemessen als anderen. Die erste ist wohl die Treue zu einem Ideal – eine Treue an sich, unabhängig vom Charakter des Ideals (daher kann man einen heroischen Feind bewundern). Der Held in diesem Sinn ist das Gegenteil des Verräters: er übt niemals Verrat, wie die Umstände auch sein mögen (zweifellos ein Überbleibsel des ritterlichen Ehrenkodexes). So bleibt Okulicki, als er verhaftet und von der sowjetischen Geheimpolizei verhört wird, ganz einfach stumm. Auch das setzt große Widerstandskraft voraus. Der Held ist einsam, und das in zweierlei Eigenschaft: Einerseits kämpft er mehr für Abstrakta als für Individuen, andererseits wird er dadurch, daß Menschen ihm nahestehen, verwundbar. Die Lehrzeit eines Helden ist Erziehung zur Einsamkeit und ganz sicher auch die Stärkung des Mutes. Die kühne Tat ist die unmittelbarste Demonstration des Heldentums. Auch hier kann Okulicki als Beispiel dienen. Während eines Gefechts meldete er sich freiwillig, um ein feindliches Maschinengewehrlager anzugreifen; unter dem Granathagel überquert er ein freies Feld. Mut ist nichts anderes als die Bereitschaft, das Leben einzusetzen, um ein Angriffsziel zu erobern. Das Leben ist nicht das höchste Gut, es kann in jedem Augenblick geopfert werden. Ist ein Angriffsziel nicht vorhanden oder nicht von Bedeutung, schlägt die Tapferkeit um in Prahlerei: Man setzt sich dem Tode aus, ohne durch seine Tat ein Ergebnis zu erlangen. So verabscheute es Okulicki, in Deckung zu gehen. »Von allen Seiten fielen Bomben und Granaten, die wenigen Leute, die uns begegneten, bewegten sich in weiten Sprüngen von Unterstand zu Unterstand, er aber ging mitten auf dem Trottoir, als sei er sich keiner Gefahr bewußt.« Umgekehrt ist der Mangel an Mut dasjenige, was die Helden bei den anderen am meisten verachten.

Der Held ist also bereit, sein Leben sowie das der anderen zu opfern, sofern dieses Opfer dem erwählten Ziel dient. Aber diese Einschränkung wird in dem Augenblick nichtig, in dem man sich entschließt, sich an einen Adressaten zu wenden, der so entrückt ist wie die Geschichte oder die Menschheit: diejenigen, die niemals wagen würden, die heroischen Hoffnungen in Abrede zu stellen. Darum trafen die militärischen Befehlshaber die Entscheidung, den Aufstand zu beginnen, »was immer auch der Preis sei«. Mangels eines konkreten Adressaten wird der Kampf zum Selbstzweck, denn er ist das unwiderlegliche Zeugnis für den heroischen Geist derer, die ihn führen. Es muß gekämpft werden, »selbst wenn der Kampf, der uns erwartet, hoffnungslos ist«. So hatte schon das Gebot des ersten Befehlshabers der Heimatarmee, General Grot-Roweckis, gelautet. »Wir werden alle umkommen«, sagte einer der Beteiligten die Ereignisse voraus, »aber wir werden wenigstens gekämpft haben«. Und Pelczyński kommentiert im Rückblick: »Es war unsere Pflicht zu kämpfen. Das allein zählte in meinen Augen.«

Okulicki gab sich ausgeklügelteren Kalkülen hin: Wenn der Aufstand ausgelöst ist und die Russen zu Hilfe kommen, ist die Wette gewonnen. Wenn die Russen sich heraushalten und die Deutschen ein Massaker veranstalten, ist auch nichts verloren: Warschau wird dem Erdboden gleichgemacht, viele Polen büßen ihr Leben ein, aber mit einem Schlag ist die Perfidie der Sowjets ans grelle Tageslicht gekommen, die Westmächte eröffnen gegen die Russen den Dritten Weltkrieg, und aus den Trümmern ersteht ein neues Polen... Seine Prophezeiungen erwiesen sich halbwegs als richtig: Die Sowjetarmee unterstützte den Aufstand nicht, der mehr gegen sie als gegen die Deutschen gerichtet war, die letzteren schlugen die Erhebung nieder, brachten zweihunderttausend Menschen um, deportierten siebenhunderttausend und machten Warschau dem Erdboden gleich. Nur der Dritte Weltkrieg fand nicht statt, und Polen wurde der Sowjetunion genauso unterworfen, wie es auch gekommen wäre, wenn der Aufstand nicht stattgefunden hätte. Das Ziel des Kampfes wurde also nicht erreicht, aber hätte es den Preis gerechtfertigt, wenn es erreicht worden wäre? Was sind das für Taten, die vollbracht werden müssen, »was immer auch der Preis sei«?

Die Führer des Aufstands handelten, als folgten sie dem Gebot: Lieber tot als rot. Sie glaubten vor der Alternative zu stehen: aufbegehren und sterben – oder am Leben bleiben und sich unterwerfen. Sie gaben der ersteren Lösung den Vorzug, Okulicki erklärte: »Einem Polen steht es besser an zu sterben, als ein Feigling zu sein.« Von Pelczyński sagte jemand: »Da es ihm plötzlich so schien, als habe er nur die Wahl zwischen Unterwerfung und Tod, wählte er den Tod.« Auch Bor-Komorowski zog einer passiven Haltung die Aktion vor, mochte sie auch zum Scheitern verurteilt sein. General Monter gab dieser Geisteshaltung Ausdruck in einem Befehl an die

Verteidiger des Warschauer Stadtteils Mokotów, am 56. Tag des Aufstands: »Es ist euch verboten, zurückzuweichen.« Eine solche heroische Haltung verlangt Respekt. Gleichzeitig darf man sich aber fragen, ob die so formulierte Alternative wirklich den realen Möglichkeiten entspricht. »Rot« steht nicht in Opposition zu »tot«, sondern zu »weiß«, »braun« oder »schwarz«, und eine Farbe haben nur die, die am Leben sind. Einer der Kombattanten, der mit der Auslösung des Aufstands nicht einverstanden war, stellte fest: »Wenn wir nicht endlich aufhören, alle für Polen sterben zu wollen, wird es bald keinen Polen mehr geben, der es bewohnt.« Die Helden des Aufstands waren tot, und Warschau war trotzdem »rot« geworden.

Tatsächlich hat der Tod für den Heroismus einen höheren Wert als das Leben. Nur der Tod – der eigene wie auch der der anderen – erlaubt es, das Absolute zu erlangen: In der Hingabe des Lebens beweist man, daß man sein Ideal über alles liebt, mehr als das Leben. »Auf der Höhe des absoluten Anspruchs, auf die die Verzweiflung sie geführt hatte, gab es für sie keine andere Lösung, als zu sterben.« Das Leben erscheint – konfrontiert mit den Forderungen des Absoluten – notgedrungen als ein Gemengsel, das wenig Genugtuung bietet. »Helden sind nicht gemacht, um zu leben«, stellt einer der Zeitzeugen fest. Gleichwohl könnte er sich fragen, ob Leben und Tod nicht auch auf andere Weise in Opposition zueinander stehen. Unter bestimmten außergewöhnlichen Umständen, deren auch der Warschauer Aufstand einer war, kann der Tod leicht sein, zumal dann, wenn man an die Auferstehung der Seele glaubt, aber auch ohne das: Der Tod ist eine Unbekannte, und dadurch fasziniert er. Das Leben hinzugeben, bedeutet, allen Mut in eine einzige

Geste zu legen. Das Leben selbst aber kann Mut an jedem Tag, in jedem Augenblick verlangen; es kann auch ein Opfer sein, auch wenn es nichts Glorreiches an sich hat: Wenn ich meine Zeit und meine Kraft opfern muß, bin ich verpflichtet, am Leben zu bleiben. In diesem Sinne wird Leben schwerer als Sterben.

Diejenigen, die sich damals dem Plan zum Aufstand widersetzten, taten dies nicht im Namen einer Losung, die eine klare und einfache Umkehrung des heroischen Prinzips gewesen wäre. Sie sagten nicht: Lieber rot als tot, nachgeben ist mehr wert, als sich zu opfern. Das war es ja, was ihnen ihre Gegner unterstellen wollten. Als Okulicki von den Einwänden hörte, »beschimpfte er uns als Feiglinge und sagte, wir würden die Entscheidung hinauszögern, weil uns der Mut zu kämpfen fehle.« Dagegen war kein Einspruch möglich. »Wir wagten es praktisch nicht mehr, die geringste Kritik zu üben, aus Angst, als Feiglinge oder Verräter zu gelten.« Diese Formulierung ist bezeichnend: Man kann zum Helden werden – aus Furcht, als Feigling zu gelten. Der Held ist nicht notwendigerweise frei von Furcht, aber das hier ist ein besonderer Fall: Man hat Angst, Angst zu haben, und dieses Gefühl beherrscht und verdrängt alle anderen.

Diejenigen, die nicht einer Meinung mit Okulicki waren, optierten also nicht für einen anderen Zeitpunkt dieser Alternative, sondern für eine ganz andere Alternative. Einer von ihnen erklärt Steiner, daß die eigentliche Wahl die war zwischen »einer politisch und militärisch seriösen Tat« und »einem Selbstmord, begangen von unverantwortlichen Führern, die in einen glorreichen Tod fliehen wollten, weil sie nicht den Mut hatten, sich den Schwierigkeiten des Lebens zu stellen«. In seinen Augen ist der Mut zum Leben seltener – und kostbarer – als der Mut zum Sterben. Ein anderer bringt den Begriff der »Verantwortung« ins Spiel. Politik und Krieg dürfen nicht im Namen dessen geführt werden, was man die Ethik der Überzeugung nennt, denn das sind keine Fragen des Prinzips: Es reicht nicht aus, an eine Sache zu glauben, um damit eine ganze Gesellschaft zu beglücken. Im Gegenteil, es gilt, die Folgen im Auge zu haben: sich Rechenschaft abzulegen über den wirklichen und nicht nur den wünschenswerten Ablauf der Ereignisse.

Die Welt der Helden ist – und darin liegt vielleicht ihre Schwäche – eine eindimensionale Welt, die nur zwei Gegensätze enthält: wir und sie, Freund und Feind, Mut und Feigheit, Held und Verräter, Schwarz und Weiß. Dieses Bezugssystem paßt gut in eine Situation, die nicht auf das Leben, sondern auf den Tod orientiert ist. Im Warschau des Jahres 1944 standen sich nicht nur die Mächte des Guten und des Bösen einander gegenüber, vielmehr gab es dort Russen und Deutsche, die Heimatarmee und die Volksarmee, die Exilregierung und die Zivilbevölkerung. In einer so komplexen Situation gelangt man eher dadurch zur besten Lösung – die in diesem Falle leider nur die weniger schlimme ist – indem man allen aufmerksam Gehör schenkt, und nicht indem man unverbrüchlich treu an einem hehren Ideal festhält. Die Werte des Lebens sind in diesem Sinne nicht absolut, das Leben ist vielspältig, die ganze Situation ist heterogen, und so ist die Wahl, die man trifft, nicht das Ergebnis von Zugeständnissen und feigen Kompromissen, sondern der Berücksichtigung dieser Vielfalt.

Diese unheroische Haltung hat indessen einen Nachteil: Sie eignet sich schlecht für die Überlieferung, jedenfalls für die Überlieferung nach klassischem Muster. Die Tradition des Erzählens ist aber unentbehrlich für die gesamte Gesellschaft. Tatsächlich lassen sich die Helden ja unabänderlich von einem Vorbild aus Literatur oder Legende leiten, das sie sich in ihren Jugendjahren zu eigen gemacht haben. Dann, im Feuerschein ihrer Tat, planen sie die Wirkung voraus, die sie eines Tages in Worte gefaßt haben soll: Die künftige Überlieferung gestaltet die Gegenwart. Okulicki warf anderen Plänen des Aufstands vor, sie seien »nicht spektakulär genug«, während von dem seinen »die ganze Welt sprechen« werde. In ihrer Verlautbarung vom 3. Oktober 1944 erklärten die Aufständischen: »Weder in Polen und Warschau noch in der ganzen Welt wird man sagen können, daß wir die Waffen zu früh gestreckt haben« – die Sorge um den Nachruhm ist gegenwärtig während der Tat. Die Kämpfenden sind sich bewußt, der geheiligten Formel zufolge eines der ruhmreichsten Blätter der polnischen Geschichte zu schreiben. Als Pelczyński bemerkt, daß sein Gesprächspartner Steiner sich nicht unbedingt bemüht, die Helden zu glorifizieren, braust er empört auf: »Wenn Sie die Absicht haben, dieses Buch in einem solchen Geist zu schreiben, so ist es besser, unsere Gespräche einzustellen!« Eine schöne Überlieferung hat lichte, lautere Helden zu haben. Die pragmatischen Geister hingegen, jene, die sich den Zwängen der Realität anzupassen suchten, eignen sich schlecht für die erzählende Kunst. Eine solche Persönlichkeit scheint Mikołajczyk gewesen zu sein: »Er hielt sich weder für Jesus Christus noch für den heiligen Georg oder gar die Jungfrau Maria.« Wie macht man aus solch einem Mann einen Helden für die Geschichte?

*Das Ghetto im Jahre 1943*

Das Verhältnis von Überlieferung und Heldentum bildet auch eines der hauptsächlichen Themen des zweiten Buches, das man mir in Polen zur Lektüre empfahl. Auch ihm liegen Gespräche zugrunde, diesmal aber nur mit einem einzigen Menschen. Um darüber hinaus eine Montage dessen herstellen zu können, was nicht mehr vorhanden ist, hat sich die Verfasserin dafür entschieden, selbst in ihrem Text aufzutreten: Hanna Krall hat Mitte der siebziger Jahre Marek Edelman über den anderen Aufstand ausgefragt, der sich in Warschau ereignet hat – im Ghetto, im Frühjahr 1943.

Wohlgemerkt, auch der Aufstand des Ghettos ist eines der schönsten Blätter der Geschichte, diesmal der des Heldentums der Juden; das ist tausendfach gesagt worden. Aber wie sich herausstellt, hat Edelman es nicht einmal in der Zeit der Ereignisse fertiggebracht, einen wirklich heroischen Bericht zu verfassen. Hanna Krall beschreibt seinen allerersten Versuch: Drei Tage, nachdem er aus dem Ghetto herausgekommen war, erstattete er den Vertretern der politischen Parteien Bericht über das Vorgefallene.

Dieser Bericht ist fade, neutral, ohne Glanz. Es habe an Waffen und Erfahrung gefehlt, die Deutschen hätten gut gekämpft. Die Zuhörer waren tief enttäuscht und schrieben die Minderwertigkeit des Berichts dem Schockzustand zu, in dem sich der Verfasser offensichtlich befand. *»Wie sich zeigte, hatte er nicht gesprochen, wie es sich gehört hätte. ›Und wie hätte es sich gehört?‹ fragte er. Voller Haß und Pathos, schreiend – nur der Schrei allein ist imstande, all das auszudrücken. Also taugte er von Anfang an nicht zum Redner, denn er konnte* *nicht schreien. Und er taugte auch nicht zum Helden, denn in ihm war kein Pathos.«*

Der Haß auf den Feind, das Berauschtsein von sich selbst (das Pathos), die gesteigerte Tonart (der Schrei): Das waren die Zutaten, die Edelmans Bericht fehlten. Als Edelman die Ereignisse dreißig Jahre später überdenkt, sieht er sich als jungen Burschen, der den herkömmlichen Heldenbildern gleichen wollte. Sein Traum sei es damals gewesen, mit zwei baumelnden Revolvern herumzulaufen. Zwei Revolver – das sei ihnen vorgekommen wie das Größte auf der Welt. Jetzt wird er sich dessen gewahr, daß einen großen Anteil an diesem Wunsch, sich als Helden zu sehen, der Reiz der Schußwaffen ausgemacht hat, die Tatsache, selber schießen zu können. *»Die Menschen haben immer geglaubt, das Schießen sei das größte Heldentum. Darum haben wir geschossen.«*

Heute sieht er das viel differenzierter. Was damals geschehen ist, scheint ihm die offizielle Version vom Heldentum nicht deutlich zu machen. *»Kann man das überhaupt einen Aufstand nennen? [...] Es ging nur darum, die Art des Sterbens zu wählen.«* Der Befehlshaber des Aufstands, Mordechaj Anielewicz, dessen »heroische Haltung« Edelman selbst dreißig Jahre vorher noch gerühmt hatte, wird jetzt in einem anderen Licht gezeigt: gewiß nicht minder sympathisch, aber nicht mehr so als Gegenstand der Vergötzung. Als er zum Befehlshaber gewählt wurde, geschah es, *»weil er es so gern wollte«*. Und, setzt Edelman hinzu: *»In seinem Ehrgeiz war er etwas kindlich.«* Er erzählt auch, wie Anielewicz in noch früherer Jugend die Kiemen der Fische, die seine Mutter verkaufte, mit roter Farbe bemalt hatte, damit die Ware einen frischeren Eindruck machte. Diese Mitteilung aber, in mehrere Sprachen übersetzt, *»empörte die Leute aufs äußerste«*: Er habe das Ereignis seiner Größe entkleidet. Wie Pelczyński gegenüber Steiner, will die Öffentlichkeit, daß die Helden durch und durch Helden bleiben.

Edelman wiederum legt große Wert darauf, die Dinge so zu erzählen, wie er sie in Erinnerung hat, und dabei eben nicht den Regeln der Heldensage zu folgen. Das bringt Bemerkungen hervor wie diese: *»Im Ghetto darf es nur Märtyrerinnen geben, jede eine Jeanne d'Arc, nicht wahr? Aber wenn es dich interessiert, im Bunker auf der Mila waren zusammen mit der Gruppe von Anielewicz auch ein paar Prostituierte. Sogar ein Zuhälter. Ein Riesenkerl, der sie regierte, muskulös und tätowiert.«* Oder: Er, Edelman, habe sein Überleben keiner heroischen Tat zu verdanken, sondern dem Sehfehler eines SS-Manns, der auf ihn geschossen hat – die Kugeln sind ein wenig danebengegangen ...

All das heißt ja nicht, daß es beim Aufstand im Ghetto nicht auch heroische Taten gegeben hätte, wie sie General Okulicki vollbracht hat. Michal Klepfisz beispielsweise warf sich vor ein deutsches Maschinengewehr, damit seine Kameraden ihren Bunker verlassen konnten. Das sind aber nicht die Taten, denen Edelman größere Beachtung schenkt, obwohl er ihnen natürlich allen Respekt bezeugt. Er hält sich an eine andere Art von Taten, die man zwar ebenfalls als tapfer und tugendhaft ansehen kann, die sich aber so stark von den Präzedenzfällen unterscheiden, daß man ihnen eine andere Bezeichnung geben muß: Man sollte in bezug auf Okulicki von *heroischen Tugenden* reden und bei den von Edelman überlieferten Fällen von *Alltagstugenden*.

Wie die heroischen Tugenden sind ihre alltäglichen

Verwandten vor allem Akte des Willens, individuelle Anstrengungen, durch die man verwirft, was einmal als unversöhnliche Notwendigkeit erschien. Diese Willensforderung führt aber nicht mehr zu dem Schluß, demzufolge »jeder Befehl ausgeführt werden kann«. Eigentlich führt sie nirgends hin, denn sie findet ihre eigene Rechtfertigung in sich selbst. Edelman erzählt, wie er sich eines Tages entschloß, Widerstandskämpfer zu werden. Er sah in einer Straße im Ghetto einen alten Mann, zwei deutsche Offiziere hatten ihn auf ein Faß gestellt, schnitten ihm mit großen Scheren den Bart ab und platzten vor Lachen. *»Damals begriff ich das Allerwichtigste. Man darf sich nicht auf solch ein Faß zwingen lassen. Niemals. Von niemandem.«* Edelman hatte verstanden, daß es erst einmal keinen qualitativen Unterschied zwischen kleinen und großen Demütigungen gibt, und daß man immer seinen Willen zum Ausdruck bringen, sein Verhalten wählen – und einen Befehl verweigern kann. *»Es ging nur darum, die Art des Sterbens zu wählen«*, sagt er, aber es gibt einen immensen Unterschied, ob man den Tod wählt oder ihn hinnimmt: Er trennt den Menschen vom Tier. Mit der Wahl des eigenen Todes vollzieht man einen Akt des Willens, und man bekräftigt dadurch seine Zugehörigkeit zum Menschengeschlecht – in der stärksten Bedeutung dieses Begriffs. Die Juden der anderen polnischen Städte haben sich widerstandslos umbringen lassen. Nicht so die Juden des Warschauer Ghettos: tapfer entschlossen sie sich zur Gegenwehr. Und dadurch schon war das Ziel erreicht, sie haben ihre Zugehörigkeit zur Menschheit beteuert.

*»Die Wahl zwischen Leben und Tod bot die letzte Chance, die eigene Menschenwürde zu wahren«*, bemerkt Han-

na Krall. Die *Würde*, die erste Alltagstugend: Sie bedeutet nichts anderes als die Fähigkeit des einzelnen, ein mit einem Willen ausgestattetes Subjekt zu bleiben. Diese simple Tatsache bestätigt seine Zugehörigkeit zur Gattung Mensch. Die Wahl des Todes hat hier also eine ganz andere Bedeutung als bei den heroischen Tugenden. Dort wird der Tod zu einem Wert und einem Ziel, weil er das Absolute verkörpert, das besser ist als das Leben. Hier ist er das Mittel, nicht das Ende: die letzte Zuflucht des Individuums, das seine Würde wahren will.

Das ist kein Selbstmord als Wertvorstellung, sondern als Willensäußerung. Dennoch reicht das nicht aus, um ihn zu einer wahrhaft bewundernswerten Tat im Sinne der Alltagstugend zu machen. Die Würde ist eine unerläßliche Bedingung für solche Taten, aber keine ausreichende. Das wird deutlich an den Kommentaren, mit denen Edelman zwei berühmte Selbstmorde versieht. Der erste ist der von Ingenieur Adam Czerniaków, dem Obmann des von den Deutschen eingesetzten Judenrats. Er nahm sich in seinem Büro das Leben, nachdem ihm der Beschluß mitgeteilt worden war, daß die Bewohner des Ghettos nach Treblinka deportiert würden. *»Wir werfen ihm vor, daß er sein Sterben zur Privatsache gemacht hat«*, sagt Edelman. *»Wir wußten, daß man in aller Öffentlichkeit sterben mußte, vor den Augen der Welt.«* Emmanuel Ringelblum, der große Geschichtsschreiber des Ghettos, bestätigt das in seinen Aufzeichnungen: »Der Selbstmord Czerniaków kam zu spät, ein Zeichen der Schwäche – hätte zum Widerstand mahnen müssen – ein schwacher Mensch.« Indem Czerniaków sich den Tod gab, ohne seiner Gemeinschaft das Schicksal kundzutun, das sie erwartete, ohne versucht zu haben, sie zum Widerstand zu veranlassen, verhielt er sich würdig, aber ohne Sorge zu tragen für die anderen. In Wirklichkeit hat er seine Gemeinschaft nicht ignoriert – die Tatsache, daß er ein Tagebuch geführt hat, das seine Eindrücke verzeichnet, beweist es. Und in seinem Abschiedsbrief steht: »Mir bricht das Herz vor Schmerz und Mitleid, ich kann das nicht länger ertragen. Meine Tat wird allen die Wahrheit zeigen und vielleicht den Weg zum rechten Handeln weisen.« Seine Absicht ist es, sich auch an seine Zeitgenossen zu wenden, aber das Mittel, das er wählte, war keines, das sie verstanden. Und war der Selbstmord der einzige Ausweg, der sich ihm eröffnete?

Der andere Selbstmord (der eigentlich nicht ganz feststeht) ist der von Mordechaj Anielewicz, dem Kommandeur. *»Das durfte man nicht tun«*, sagt Edelman. *»Auch wenn es ein sehr gutes Symbol war. Man opfert sein Leben nicht für Symbole.«* Hier finden wir uns im Gegensatz zu den Ermahnungen des Generals Sosnkowski, der gefordert hatte, für Symbole zu sterben. Verschieden in mehrerer Hinsicht – der eine zu privat, der andere zu symbolisch – haben beide Selbstmorde auch etwas gemeinsam: Sie ziehen das Subjekt der Tat und einen zeitlich entfernten Adressaten, die Geschichte, in Betracht, vernachlässigen aber dabei den Adressaten nebenan: die anderen Bewohner des Ghettos. Die beiden Selbstmorde sind Taten geworden, die nicht über sich hinausführen, nicht als Mittel dienen, den anderen zu helfen.

Diese neue Qualität, die von tugendhaften Handlungen verlangt wird, wenn sie nicht nur die Würde ihrer Akteure beweisen, sondern auch dem Wohl der anderen dienen sollen, kann man die *Sorge um andere* nennen. Sie ist die zweite Alltagstugend: Es handelt sich immer um eine Tat, die an einen nahestehenden Menschen, nicht an das Vaterland oder die Menschheit adressiert ist. Diese Fürsorge trägt die Belohnung schon in sich: Es stellt sich heraus, daß man fähig ist, für die anderen Taten zu vollbringen, die man für sich selbst nicht unternommen hätte. Man war des Lebens müde. *»Jeder mußte damals jemanden haben, um den sich sein Leben drehte, für den er etwas tun konnte«*, erzählt Edelman, *»... mit jemandem zusammen zu sein war im Ghetto die einzige Möglichkeit, zu leben... War einer wie ein Wunder davongekommen und noch am Leben, so mußte er sich an einen anderen klammern, an einen lebendigen Menschen.«*

Was den Tod aus Sorge um andere angeht, kennt Edelman keine Zurückhaltung: Im Gegenteil, es sind die Taten der Alltagstugend, die ihn am meisten beeindruckt haben. Zum Beispiel die Geschichte von Pola Lifszyc, einem jungen Mädchen. Diese Geschichte spielte sich ab, als die Transporte nach Treblinka gingen. *»Sie kam nach Hause und sah, daß ihre Mutter fort war. Die Mutter wurde in der Kolonne zum Umschlagplatz getrieben, und Pola rannte hinterher, von der Leszno- bis zur Stawki-Straße... Ihr Verlobter fuhr sie noch ein Stück mit der Fahrradrikscha, damit sie es schaffte. Und sie schaffte es. Im letzten Moment mischte sie sich unter die Menge, um mit ihrer Mutter in den Waggon zu gehen.«* Das war einer jener Waggons, deren Insassen nie an den Ort der Abfahrt zurückkehrten. Warum hat sich Pola so beeilt? Und hat ihr Verlobter gewußt, wozu seine Fahrradrikscha diente?

Da ist auch noch die Geschichte von Frau Tenenbaum, einer Krankenschwester. Sie hatte eine »Lebensnummer« erhalten, die ihr erlaubte, der Deportation – wenigstens für einige Zeit – zu entgehen. Ihre Tochter hatte keine solche Nummer, die Mutter gab ihr die ihre für einen Moment zu halten, ging ein Stockwerk höher und schluckte eine starke Dosis Luminal – so war jede Diskussion vermieden. In den Monaten Aufschub, die die Tochter gewonnen hatte, verliebte sie sich und lernte das Glück kennen.

Oder nehmen wir noch die Geschichte einer Nichte von Tosia Goliborska, einer Kollegin von Edelman. Diese Nichte kam von ihrer Trauung und sah plötzlich den Lauf einer Schußwaffe auf ihren Leib gerichtet. Der junge Ehegatte schlug gegen den Lauf, und die Hand wurde ihm abgerissen. »*Darum eben ging es: daß einer da war, der deinen Leib notfalls mit der eigenen Hand beschirmte.*«

Wie man sieht, ist der häufigste Nutznießer dieser Fürsorge ein nahestehender Mensch, ein Verwandter: Mutter oder Tochter, Bruder oder Schwester, Mann oder Frau. Da die meisten Verwandten oft aber umgekommen sind, sucht man sich – in welcher Art auch immer – andere als Ersatz. Selbst wenn dieser Nutznießer aus vielen besteht wie in den Fällen des Dr. Janusz Korczak, der mit den Kindern seines Waisenhauses nach Treblinka ging, oder des reichen Industriellen Abraham Gepner, der bei denen bleiben wollte, deren Glauben er teilte, so handelt es sich nie um eine Abstraktion, sondern um lebendige Individuen, die man persönlich kennt. Gegen diese Fürsorge zu verstoßen, ist kein Vergehen, das Schande bringt, aber ein stillschweigender Vertragsbruch. Das wird an einer Szene deutlich, die einer der von Steiner befragten Zeitzeugen schildert. Dieser Zeuge begegnet in den Ruinen des Ghettos – nach dem ersten Aufstand und vor dem zweiten – dem christlichen Ehemann einer jüdischen Frau. Wie Pola hatte diese Frau eines Tages beschlossen, den Zug zu nehmen, in den ihre Nächsten getrieben wurden; ihr Mann war dageblieben. Sie hatte ihm keinen Vorwurf gemacht, aber etwas war zwischen ihnen zerbrochen. »Was ihr am liebsten gewesen wäre, habe ich auch erst hinterher verstanden: daß ich mit ihr sterben sollte. Ich habe sie gehen, und ich habe sie sterben lassen. Seither bereue ich ...«

Manchmal gibt man um der Fürsorge willen nicht das eigene Leben, sondern paradoxerweise das der anderen hin. So verabreicht eine Ärztin Kindern eines Krankenhauses Gift, bevor die SS die Zeit hat, sie zu verschleppen: *»Sie hat sie vor der Gaskammer bewahrt.«* Um das tun zu können, opferte sie ihr eigenes Gift. »Sie gab ihr *Zyankali fremden Kindern!«* Hier sieht man, in welchem Sinne Leben schwieriger sein kann als Sterben.

Dann war da noch die Krankenschwester, die, während die Deutschen bereits das Erdgeschoß des Krankenhauses evakuierten, im ersten Stock bei einer Geburt assistierte. Als das Baby da war, legte sie es auf ein Kissen und deckte ein zweites darüber. *»Das Kind wimmerte und verstummte.«* Sie hat getan, was getan werden mußte, und jedermann billigte es. Nicht weniger wahr ist auch, daß diese »Krankenschwester« (sie heißt Adina Blady-Szwajger) nach fünfundvierzig Jahren noch nicht vergessen kann, daß ihr medizinisches Wirken damit begann, daß sie tötete.

Die Alltagstugenden haben sehr besondere Kennzeichen. Man sieht sie auch nach dem Krieg. Die Umstände sind weniger dramatisch, und Edelman setzt nicht mehr sein Leben aufs Spiel, aber die Entscheidungen von damals leiten ihn auch in seinem neuen Beruf: Er ist Arzt geworden, Herzspezialist. *»Als Arzt«*, so sagt er, *»könne er auch weiterhin für das menschliche Leben Verantwortung tragen.« – »Warum mußt du das eigentlich: für das menschliche Leben Verantwortung tragen?« – »Sicher deshalb, weil mir alles andere nicht so wichtig erscheint.«* Die Verantwortung ist eine besondere Form der Fürsorge, diejenige, die Personen obliegt, die bevorzugte Stellungen bekleiden: Ärzten oder – wiederum – Kommandeuren. Weil Anielewicz und Czerniaków nicht uneingeschränkt Verantwortung übernahmen, verstießen sie – jeder auf seine Weise – gegen die Anforderungen der Fürsorge.

Die beiden Arten der Tugend stehen durch die Adressaten der Taten, von denen sie inspiriert sind, zueinander im Gegensatz: Individuum oder Abstraktion, Frau Tenenbaum oder eine bestimmte Vorstellung von Polen. Beiderseits ist Mut gefordert, beiderseits gibt man seine Kraft oder sein Leben hin. Jeder hat die Entscheidung sehr schnell zu treffen: Okulicki bei seinem Sturmlauf auf das feindliche Maschinengewehr, Pola bei dem Sprung auf die Fahrradrikscha ihres Verlobten. Die heroischen Tugenden werden von den Männern höher geschätzt, während die Alltagstugenden ebenso sehr, wenn nicht mehr, von den Frauen geachtet werden (wobei die erforderlichen körperlichen Eigenschaften natürlich hier und dort verschieden sind). Die eigentliche Frage besteht jedoch in dem Wissen, ob man für Menschen oder für Ideen stirbt (oder lebt).

Dieser Gegensatz ist nicht zu verwechseln mit dem des Besonderen und des Allgemeinen – in diesem Fall der Treue zur Gruppe, der man angehört, und der Liebe zur Menschheit. Fremde und Unbekannte sind Geschöpfe wie die anderen, und die moralische Forderung ist universell, aber nicht abstrakt: Die Menschheit ist eine Gesamtheit der einzelnen. Die Vorliebe für die Seinen, die blinde Treue um ihretwillen wertet die Personen nicht auf zum Schaden der Ideen, trifft aber in ihrer Wirkung die einzelnen selbst. Denkt man sich die Menschheit nämlich als etwas Abstraktes, kann man in ihrem Namen auch Verbrechen begehen, und das umso leichter, als die Ideen je nach Zeitpunkt und Personen sehr unterschiedliche Realitäten abdecken, selbst als lauterste und edelste erscheinen und für ungeheuerliche Pläne benutzt werden können. Schließlich hat selbst Hitler behauptet, er habe den Krieg gegen die Russen geführt, um der Barbarei Einhalt zu gebieten und die Zivilisation zu retten. Diese Gefahr besteht nicht bei den einzelnen: Sie repräsentieren nichts als sich selbst.

Verweilen wir noch einmal bei Anielewicz. In vieler Hinsicht gleicht er den traditionellen Helden, beispielsweise Okulicki. Er verfügt über Körperkraft und persönlichen Mut, die ihn zur Tat treiben; er ist bereit, sich ins Feuer zu stürzen, um einen Kameraden zu retten, wenn es nötig ist. Auf ihn ist vollkommen Verlaß. Er ist beseelt vom Geist eines uneigennützigen Idealismus. Sein Leben hat nur ein Ziel: den Feind – die Nazis – zu bekämpfen. Deswegen konnte er, als der Aufstand begann, in einem Brief schreiben: »Der Traum meines Lebens ist in Erfüllung gegangen.« Auch seine Freundin Mira Fuchrer gesteht 1940, in einem Brief aus dem Ghetto: »Ich bin noch niemals so glücklich gewesen.« Jede andere Sorge wird beiseitegeschoben. In der Organisation von Anielewicz ist den Männern das Rauchen, das Trinken und jeglicher Geschlechtsverkehr verboten. Man erkennt hier die Strenge wieder, die politische oder religiöse Kämpfer auszeichnet. Nach seinem Tod schrieb sein Freund Ringelblum: »Seit sich Mordechaj zum Kampf entschlossen hatte, existierte für ihn nichts anderes mehr. Die wissenschaftlichen Zirkel und Seminare stellten ihre Tätigkeit ein, die ausgebaute Kultur- und Bildungsarbeit wurde abgebrochen. Er und seine Kameraden richteten ihre Aufmerksamkeit nur noch auf den Kampf.« Wie die Führer des Aufstands von 1944 wollte Anielewicz, daß sein Tod einen symbolischen Sinn bekam und zur Botschaft an ferne Adressaten wurde. »Wir geben unserem Tod einen historischen Sinn und eine große Bedeutung für die künftigen Generationen«, schrieb er in einem anderen Brief.

Als wahrhafter Held hat sich Anielewicz letztlich dem Gedanken gefügt, sterben zu müssen. Wenn man Ringelblum Glauben schenkt, reduzierte sich die aktuelle Situation für ihn auf eine einzige Frage: »Welche Todesart sollten die polnischen Juden wählen? Sollten sie sich widerstandslos wie Schafe zur Schlachtbank führen lassen oder ihren Tod als Menschen von Ehre dem Feind heimzahlen mit dessen eigenem Blut?« Es war die Wahl nicht zwischen Leben und Tod, sondern zwischen zwei Arten des Todes: dem achtenswerter Menschen oder dem von Schafen. Wie Okulicki verkürzt Anielewicz die Zukunft auf eine Alternative, die keinen Zweifel zuläßt. Erschöpft diese Formulierung aber wirklich alle Möglichkeiten? Bei dieser Alternative ist in jedem Fall der ehrenvolle Tod die wünschenswertere Lösung: Ohne einen Kompromiß zuzulassen, wollte Anielewicz siegen oder sterben – unter den gegebenen Umständen also das letztere. Das ist die Erklärung für seinen Selbstmord (wenn es ein solcher war): Der Bunker, in dem er eingeschlossen war, hatte mindestens einen Ausgang, der nicht von der SS bewacht wurde. Anielewicz nutzte ihn nicht, denn das Überleben war nicht sein höchstes Ziel. Auch Arie Wilner, einer seiner Gefährten, versicherte: »Wir wollen nicht unser Leben retten [ ... ]. Wir wollen unsere Menschenwürde bewahren.« Es ist hinzuzufügen, daß manche der Kameraden diese Ansicht teilten, andere sich ihr zur gleichen Zeit aber verweigerten – wie Edelman, der damit nicht allein stand.

Als zweitrangig sah Anielewicz nicht nur sein eigenes Leben, sondern auch das der ihn umgebenden Menschen an (obgleich er bereit war, sich für sie zu opfern). Die von ihm geführte Jüdische Kampforganisation weigerte sich in den Monaten, die dem Aufstand vorangingen, Verstecke oder Tunnel zur »arischen« Seite auszugraben, ganz im Gegensatz zu den Angehörigen des Jüdischen Militärverbands, einer anderen (rechtsstehenden) Widerstandsorganisation. Anielewicz hegte die Befürchtung, daß solche Anlagen den kriegerischen Geist der Kämpfer schwächen würden. Aus gleichem Grund erhob er Einspruch, als sich die Möglichkeit bot, Menschen gegen Bezahlung auf der anderen Seite der Ghettomauern verstecken zu können: Das Geld solle dem Kampf, nicht der Rettung des Lebens einzelner zugute kommen. Ringelblum schrieb: »Für ihn gab es für die Zukunft nur das eine Ziel, für das er gewillt war, alles zu opfern: den Kampf gegen den Feind.« Ebenso feindlich stand er einer anderen Initiative gegenüber. Das Jüdische Nationalkomitee, dem er selber angehörte, wollte im Februar/März 1943 bestimmte kulturelle und gemeinnützige Einrichtungen auf die »andere Seite« bringen, damit man sicher ging, sie vor dem Untergang zu bewahren. Das aber hätte wiederum dem Überleben den Vorzug gegeben – zum Nachteil des Kampfes.

Ringelblum stellt fest, daß diese unter den Juden geführte Auseinandersetzung über den besten Weg, der nazistischen Verfolgung die Stirn zu bieten, umschlug in einen Konflikt der Generationen. Die Älteren sehnten sich nach dem Überleben ihrer selbst und ihrer Nächsten, denn sie waren »an Händen und Füßen durch Familienbande gefesselt«. Die Jungen, die von solchen Bindungen frei waren, zogen die Ehre dem Leben vor. »Das Sinnen und Trachten der Jugend – also des besten, schönsten, edelsten Teils des jüdischen Volkes – drehte sich um nichts anderes als um einen ehrenvollen Tod. Sie fragten nicht danach, wie der Krieg zu überleben sei, besorgten sich keine arischen Papiere, besaßen keine Wohnungen auf der anderen Seite. Ihre einzige Sorge war der Gedanke an einen möglichst ehrenvollen, möglichst würdevollen Tod, wie er einem Volk mit einer mehrtausendjährigen Geschichte angemessen war.« Die Jugend, Anielewicz an der Spitze (aber auch Ringelblum), liebten die heroischen Tugenden; die verheirateten Frauen und Männer, gebunden durch die Liebe, die sie füreinander, für ihre Kinder und ihre alternden Eltern hegten, optierten für die Alltagstugenden.

Kommen wir jedoch zurück auf unsere Geschichte und den Vorsatz, von dem sich Edelman und Hanna Krall bei diesem Buch leiten ließen. Es geht ihnen nicht darum, die Geschichte umzuschreiben – die steht fest und kümmert sich, wie die Helden, nicht um Individuen. Also haben sich die beiden entschlossen, ihr Augenmerk auf die Einzelheiten und die Individuen zu richten. »*Wir schreiben ja keine Geschichte*«, sagt Edelman. *»Wir schreiben über die Erinnerung.«* Und sogar den Individuen ist zu mißtrauen, sobald sie eine sehr große Zahl bilden: Von einer gewissen Schwelle an wird die Masse abstrakt. Edelman erzählt, daß jemand bei lebendigem Leibe verbrannt wurde, und fragt seine Gesprächspartnerin: *»Was meinst du, kann das noch jemanden beeindrucken: ein verbrannter junger Mann nach vierhunderttausend Verbrannten?«* Das ist die tatsächliche Zahl der Opfer des Ghettos. Hanna Krall antwortet ganz in diesem Geist: *»Ich glaube, daß ein verbrannter junger Mensch einen größeren Eindruck macht als vierhunderttausend, vierhunderttausend aber wiederum einen größeren als sechs Millionen.«*

Der Tod kann mehr oder minder schön sein. Edelman erinnert an den eines jungen Mädchens, das in einem Feld von Sonnenblumen fiel, und er kann nicht umhin festzustellen: *»Ein wahrhaft ästhetischer Tod.«* Der Warschauer Aufstand dann, an dem Edelman gleichfalls teilgenommen hat, besaß höhere ästhetische Qualitäten als der im Ghetto: Die Aufständischen hatten Waffen, sie traten dem Feind mit offenem Gesicht gegenüber, in richtigen Straßenkämpfen: *»Das war ein großartiger, ein komfortabler Kampf!«* Dieses Argument der Schönheit blieb auch bei dem Entschluß über die Auslösung des Ghetto-Aufstands nicht ausgeklammert. Dreißig Jahre danach sagt Edelman resigniert: *»Die Menschheit hat sich ja darauf geeinigt, daß das Sterben mit der Waffe schöner ist als das ohne Waffen. Also fügten wir uns dieser Konvention.«* Man kann darüber streiten, ob es schöner ist, über Dächer zu rennen oder in einem Keller versteckt zu bleiben, ob man jene Konvention akzeptieren muß oder nicht. Eines zumindest ist sicher: In einem Loch zu ersticken, ist nicht weniger *würdig*, als beim Erklettern einer Mauer zu sterben. Nun ziehen wir heute aber, getrieben von unserem Vergnügen als Zuschauer, letztlich die Schönheit der Würde vor: Um wieviel leichter fällt es uns, jemanden im Kampf fallen zu sehen, als der Mutter von Pola Lifszyc zuzusehen, wie sie in den Viehwagen steigt...

Das aber ist es, was Edelman nicht akzeptieren will. Angeschrien habe er sie, berichtet Hanna Krall. Die da in die Güterwagen steigen, seien wohl schlechter als die Schießenden? Der dumpfe Tod in der Gaskammer sei nicht geringer zu achten als der Tod im Kampf, er sei, schreit Edelman, viel schrecklicher, und es sei viel leichter zu sterben mit dem Finger am Abzug... Doch da hilft kein Schreien, die Geschichte obsiegt über die Erinnerung, die Geschichte braucht Helden. Über der Grabstätte von Michał Klepfisz und einigen anderen steht heute ein Denkmal. *»Ein aufrechter Mann, den Karabiner in der einen, eine Handgranate in der anderen, der erhobenen Hand. Um die Hüften trägt er einen Patronengurt, an der Seite eine Kartentasche...«* Kein Aufständischer des Ghettos hat jemals so ausgesehen. Es fehlte ihnen an Waffen und Ausrüstung, und sie waren schwarz und schmutzig. *»Aber auf dem Denkmal ist es, wie es wohl sein muß. Auf dem Denkmal ist es licht und schön.«* Die Denkmäler gehorchen den Regeln ihres Genres, sie trachten nicht danach, die Wahrheit zu sagen. Gras und Wildkraut wuchern über die Gräber des jüdischen Friedhofs in Warschau, und die weißen Denkmäler, die heroischen Überlieferungen verhüllen durch ihr Gewirr die Worte und Gesten der Bewohner des Ghettos.

Als ich mit diesem Lesestoff zu Ende kam, fiel mir auf, daß der Unterschied zwischen dem Aufstand von 1944 und dem von 1943 nicht in dem Geist lag, der die Führer beseelte. Die Plakate im Ghetto hatten die Bewohner aufgerufen, in Ehre und Würde zu sterben. Derselbe Gedanke beherrschte die Kämpfer der Heimatarmee. Die »nationale Würde« habe, wie Ringelblum schrieb, die Juden zum Kampf geführt – anderthalb Jahre später sollte sie die Polen dorthin führen. Okulicki sah in dem Aufstand von 1944 eine Botschaft an die Welt – in gleichen Begriffen äußerten sich die Führer von 1943: Sie kämpften, um »die Welt wachzurütteln«, dieser Welt vor Augen zu führen, »wie verzweifelt unsere Schlacht ist und wie das dieser Welt zur Prüfung und zum Vorwurf dient«. Der Warschauer Aufstand ist in den Augen vieler Polen zum besten Symbol ihres uneigennützigen Heldentums geworden – auf ähnliche Weise wurde der 19. April, nach hebräischem Kalender der 27. Tag des Monats Nissan, in Israel zum nationalen Feiertag gewählt, um des heroischen Geistes des jüdischen Volkes zu gedenken.

Der Unterschied zwischen beiden Aufständen liegt auch nicht in den Abläufen. Als die Juden sich erhoben, enthielten sich die in nächster Nähe befindlichen Angehörigen der Heimatarmee jedes Eingreifens. Der unmittelbare Grund war nicht allein der polnische Antisemitismus oder die traditionelle Abgeschlossenheit der beiden Gemeinschaften, sondern auch die prosowjetische Haltung der Juden (Ringelblum schreibt, die Organisation Haschomer-Hazair [die auch Anielewicz hervorgebracht hat] sei prosowjetisch orientiert gewesen und »glaubte an den Sieg der Sowjetunion und ihrer heldenhaften Armee«) – wenngleich man sich ausmalen kann, daß die Juden durch den sie umgebenden Antisemitismus in diese prosowjetische Haltung gedrängt wurden. Tatsächlich war die Heimatarmee Stalin nicht weniger feindlich gesonnen als Hitler (man kann ihr daraus keinen Vorwurf machen, aber sie hat verkehrte Konsequenzen daraus gezogen). Warum sollte sie Leuten zu Hilfe kommen, die ihr als Anhänger ihres ärgsten Feindes erschienen? Als sich im Jahr darauf die Polen erhoben, enthielten sich die in nächster Nähe befindlichen Sowjets jedes Eingreifens. Sie wußten, daß dieser Aufstand ebenso sehr gegen sie wie gegen die Deutschen gerichtet war – warum sollten sie jemandem beistehen, der sie haßte und bekämpfte? Geschichte wiederholt sich in tragischer Weise, und jedesmal obsiegt die Logik des Ressentiments. Dabei waren die antisowjetischen Polen im Jahr 1943 von den aufständischen Juden nicht wirklich bedroht, so wenig wie die Sowjets im Jahr 1944 durch die aufständischen Polen. Indes siegt die ideologische Überzeugung über die Sorge, Menschenleben zu schützen.

Der Kontext, in dem jeder der beiden Aufstände sich abspielt, ist dennoch grundverschieden, und darum unterscheidet sich auch der historische Sinn. Die Erhebung im Ghetto ist die adäquate Reaktion auf eine Politik der systematischen Vernichtung: Die Naziokkupanten deportieren Tag für Tag einen Zug voller Menschen nach Treblinka, wo die Opfer sofort den Tod finden. Wenn keine Reaktion erfolgt, verschwindet das Ghetto binnen kurzem und unwiderruflich. Diese Reaktion ist, wie man gesehen hat, bei einigen durch einen etwas eitlen Heroismus motiviert; aber der Aufstand spielt sich unter Bedingungen ab, die keinen Ausweg zulassen, um anderen zu helfen, am Leben zu bleiben, und seine Existenz hat das vielleicht auch erreicht, da er die Möglichkeit eines aktiven Widerstands demonstriert. Der Warschauer Aufstand von 1944 hat ebenfalls vielfältige Motivationen, von denen die schlichte Verzweiflung angesichts einer politischen Sackgasse nicht die geringste ist – aber er ist nicht wirklich unvermeidbar: Er ist das Ergebnis eines Kalküls, das sich in einer Situation, da es andere Auswege gegeben hätte, als irrig erweist. Er opfert die Interessen der einzelnen der Liebe zu Abstraktionen, und seine Auslösung hilft niemandem, weder damals noch später, weder vor Ort noch anderswo.

Der Ghettoaufstand verdient Respekt, aber nicht notgedrungen aus den Gründen, die gemeinhin angeführt werden. Es hat sich gezeigt, daß er keine anderen, ähnlichen Aktionen während des Krieges selbst inspiriert hat; lange danach hat er in Israel als moralische Bürgschaft für vielleicht heldenhafte, aber nicht notwendigerweise gerechte Taten gedient. Gewiß veranschaulicht er die Würde der Menschen im Ghetto, aber nicht er allein. Der große sowjetische Schriftsteller Wassilij Grossman stellt, nachdem er die Passivität der jüdischen Opfer allgemein beklagt hat, fest: »Die ruhmreichen Aufstände im Warschauer Ghetto, in Treblinka und in Sobibór« haben gezeigt, »daß der natürliche Freiheitsdrang des Menschen unauslöschlich ist« (»Leben und Schicksal«). Und Jean Améry, der Überlebende von Auschwitz, der die jüdische Neigung zu Furchtsamkeit und Flucht verurteilte: »Damals konnte ich für kurze Zeit die Illusion hegen, meine Würde sei in vollem Umfang wiederhergestellt [...] durch den heldischen Aufstand des Warschauer Ghettos« (»Jenseits von Schuld und Sühne«). Der

Mensch braucht jedoch, um Mensch zu bleiben, um seine Würde und sein Freiheitsbegehren zu bekräftigen, nicht zur Waffe zu greifen, und es bedurfte nicht des Ghettoaufstands, um die Gewißheit zu erlangen, daß diese Eigenschaften lebendig waren. Dieser Aufstand war die mutige Reaktion auf eine verzweifelte Lage, aber auch das Verhalten von Pola Lifszyc entsprang der freien Entscheidung, der Würde und der Menschlichkeit. Menschenwürde ist stets nur die eines einzelnen, nicht die einer Gruppe oder einer Nation. Und die Ehre badet sich nicht nur im Blut des Feindes.

Ich habe meine Bücher zugeklappt. Das Unbehagen, das mich verfolgte, hat sich zwar verloren; aber es ist abgelöst worden von einer Unruhe, die noch zählebiger ist. Ich glaube zu fühlen, daß die Geschichten, die an einem Sonntagvormittag beim Besuch zweier Gedenkstätten in Warschau wach wurden, in mir eine Verwirrung hervorgerufen haben, die sich nicht auf ein rein intellektuelles Problem – das des Heldentums – zurückführen läßt. Ich kam zu dem Eindruck, daß diese, bewundernswerten oder tragischen, Aufstände mir über mich selbst Aufschluß gegeben haben, über mich, dessen Leben aller dramatischen Ereignisse entbehrt. Ich habe begriffen, daß ich mich – um noch weiter zu gehen – nicht der Prüfung meines eigenen Schicksals entziehen konnte, indem ich mich bemühte, die Geschichte und unzählige kleine Geschichten kennenzulernen.

Wir wohnen heute in Europa dem Zusammenbruch des zweiten großen totalitären Systems und also auch dem wahrhaften Ende des Zweiten Weltkrieges bei. Man könnte diesen Augenblick als eine Anregung erleben, das Kapitel zu schließen und endlich an anderes zu denken.

Der Krieg, der Moment des totalitären Paroxysmus, rückt immer weiter weg, die Zahl der Menschen, die ihn nicht mitbekommen haben, ist, selbst in Europa, jetzt höher als die der Zeitzeugen. Sollen diese »jungen Leute« fortfahren, sich für ein prähistorisches Ereignis zu interessieren, da doch schon das Jahr 1968 vielen als eine Grenze erscheint, jenseits derer man nichts mehr versteht, die so etwas ist wie das Jahr der Geburt Jesu Christi?

Daher empfinde ich weniger das Bedürfnis, an der allgemeinen Euphorie angesichts dieses wirklichen Kriegsendes teilzunehmen, als vielmehr in die Jahre der Beklemmung zurückzukehren, in die düstere Zeit, als die Regimes der Nazis und der Kommunisten auf der Höhe ihrer Macht standen, in ihre exemplarische Einrichtung: die Lager. Ich denke daran sogar öfter als je zuvor – bin ich demnach auf dem Wege, genau so anachronistisch zu werden wie ein Teilnehmer jenes Krieges?

Das kommt ohne Zweifel daher, daß mir die Lager – sowie das, was im Nazireich ihr Vorhof war: die Ghettos – als ein Sinnbild des Totalitarismus erscheinen und ich die Pflicht fühle, sie zu erforschen. Ich bin nie in einem Lager gewesen, außer in Nazilagern, die zu Museen umgestaltet worden waren, aber ich habe bis zu meinem vierundzwanzigsten Jahr in einem damals totalitären Staat gelebt. Daher rührt, so partiell sie auch sein mag, meine Identifizierung mit den Häftlingen. Von daher stammen auch meine ersten intimen Erfahrungen des politischen Bösen, das mir auferlegt war und das ich dann nicht mehr ertragen mußte. Oh, nichts Spektakuläres, eher das allgemeine Schicksal: die fügsame Beteiligung an diversen öffentlichen Aufmärschen, die widerspruchslose Anwendung des sozialen Verhaltenskodexes, die stillschweigende Einwilligung in die etablierte Ordnung.

Die vergangenen Jahre haben mich diese Erfahrung nicht vergessen lassen. Wenn ich mich gehalten fühle, darauf zurückzukommen, so nicht nur, weil der Totalitarismus noch nicht überall tot ist. Der wirkliche Grund liegt in meiner Überzeugung, daß man, wenn man die Vergangenheit ignoriert, das Risiko eingeht, sie zu wiederholen. Nicht die Vergangenheit als solche versetzt mich in Unruhe. Vielmehr glaube ich dort eine Lehre zu finden, die an uns Heutige gerichtet ist. Aber was für eine? Die Ereignisse offenbaren ihren Sinn niemals von selbst, die Tatsachen sind nicht transparent. Um uns etwas lehren zu können, bedürfen sie der Interpretation. Und für diese Interpretation bin ich allein verantwortlich. Das ist meine Lektion aus den Lagern und aus dem Totalitarismus.

*Literatur:*
Borwicz, Michal, L'Insurrection du ghetto de Varsovie, Paris 1966
Ciechanowski, Jan, The Warsaw Rising of 1944, Cambridge University Press 1974
Kurzman, David, Der Aufstand. Die letzten Tage des Warschauer Ghettos, München 1979
Steiner, Jean-François, Varsovie 44. L'insurrection, Paris 1975
Suhl, Yuri, They Fought Back, New York 1967
Tushnet, Leonard, Les Comptables de la Mort, Paris 1975
Zawodny, J.K., Nothing but Honour. The Story of the Warsaw Uprising, 1944, London 1978

Hanna Krall
LEGOLAND

*Aus dem Polnischen*
*von Wanja W. Ronge*
*ISBN-3-8015-0242-2*

Der untergegangenen jüdischen Welt gilt die Faszination der polnischen Schriftstellerin Hanna Krall. Hartnäckig, bisweilen obsessiv, sucht sie nach Spuren jüdischen Lebens und trifft in Polen, Kanada, Israel und den USA auf Überlebende des Holocaust. Daraus sind tragische und lakonische Geschichten entstanden.
Die Nähe Hanna Kralls zu ihren Themen ist trügerisch, denn immer geht sie auf Distanz. Nichts wäre allerdings falscher, als dahinter Gleichgültigkeit zu vermuten. Ihre Parteinahme besteht in einer überaus exakten Wahrnehmung. Ihre Schilderungen handeln von individuellen Überlebensstrategien, von den Ängsten und Träumen der Benachteiligten und der Wut und der Kraft der Menschen, die nicht mehr Bittsteller in dieser Welt sein wollen.

»Hanna Krall hat sich mit ihren schlichten, eindringlichen Erzählungen wohl endgültig auch bei uns durchgesetzt.«
Martin Lüdke, *Buchjournal*

»Für das Schreiben der Krall gibt es keine Parallelen, jene Form von Reportage, dokumentarischer Berichterstattung und Zeugnis, die in ihren besten Passagen zur Dichtung wird.«
Martha Höhl, *ekz-Informationsdienst*

Giorgio und Nicola Pressburger
DER GRÜNE ELEFANT

*Aus dem Italienischen*
*von Michaela Wunderle*
*ISBN 3-8015-0236-8*

Der kleine jüdische Händler Jom Tow träumt eines Nachts von einem grünen Elefanten. Diesen Traum deutet der Rabbi als Zeichen, daß der Herr ihn zu großen Dingen auserwählt habe. Das verheißene Glück, auf das Jom Tow vertrauensvoll wartet, stellt sich jedoch nicht ein. Nach einem in Mühsal und Not verbrachten Leben wächst in Jom Tow die Überzeugung, daß sein Sohn der Auserwählte sei . . .
In zarten, teilweise in ihrer ungeschminkten Wahrheit aber auch grausamen Bildern schildern die Pressburgers das Leben ihrer ungarischen Vorfahren, die zwei Weltkriege und die Verfolgung durch Hitler und später Stalin erleben mußten. Eine Parabel der Geschichte eines verletzten Volkes.

»Leichtfüßig, teilweise kolportagehaft und mit einem Sarkasmus gegenüber den Glaubenssätzen und Lebenslügen, der an Philip Roth erinnert, erzählen die Pressburgers vom Leben und den Einstellungen der kleinen Leute aus diesem Viertel, von ihrer schwejkschen Überlebenslist.«
Ulrich Hausmann, *Südddeutsche Zeitung*